乡村振兴战略与生态旅游研究

赵 霞 徐爱华 ◎ 著

线装書局

图书在版编目（CIP）数据

乡村振兴战略与生态旅游研究 / 赵霞，徐爱华著
. -- 北京 ： 线装书局，2023.8
ISBN 978-7-5120-5663-3

Ⅰ．①乡… Ⅱ．①赵… ②徐… Ⅲ．①农村－社会主
义建设－研究－中国②乡村旅游－生态旅游－旅游业发展
－研究－中国 Ⅳ．①F320.3②F592.3

中国国家版本馆 CIP 数据核字(2023)第 168688 号

乡村振兴战略与生态旅游研究

XIANGCUN ZHENXING ZHANLÜE YU SHENGTAI LÜYOU YANJIU

作　　者：赵　霞　徐爱华
责任编辑：曹胜利
出版发行：线装书局
地　　址：北京市丰台区方庄日月天地大厦 B 座 17 层（100078）
电　　话：010-58077126（发行部）010-58076938（总编室）
网　　址：www.zgxzsj.com
经　　销：新华书店
印　　制：河北创联印刷有限公司
开　　本：710mm×1000mm　1/16
印　　张：14.25
字　　数：293 千字
版　　次：2023 年 8 月第 1 版第 1 次印刷

线装书局官方微信

定　　价：88.00 元

前　言

　　乡村文化，是乡村生态旅游业得以发展的另一重要核心要素，同时也是中华民族文化重要的组成部分。一个旅游景区，若除了美景之外，缺少它特有的文化特色，就相当于失去了灵魂。因此，要使乡村生态旅游业得以大力发展，乡村振兴工作得以全面实施，就需要大力挖掘当地的文化内涵，突出乡村生态旅游业的特色。同时加大农产业的优化，发展具有乡村特色的旅游农产品。这样，不仅可以打造出更有活力更具独特魅力的乡村，还能更大力度地带动乡村经济建设，更快实现乡村振兴战略。

　　乡村生态旅游业的发展面临着旅游产品单一，旅游项目同化质高的严峻问题，在这一问题下，会加大乡村生态旅游业的发展难度。因此，打造不同乡村主题生态旅游和开发乡村精品旅游线路以及创建具有乡村特色养生养老基地，就成了当前乡村旅游业所需要重视的主要问题之一。由此以来，就可以有效地避免同质化严重，旅游产品单一等问题，既提高了乡村生态旅游景点的观赏性，又增加了乡村旅游的营养价值，进一步推动了乡村振兴战略的全面实施。

　　由于乡村经济落后，资源落后，各项基础设施不够完善以及缺乏专业的旅游服务人才，导致乡村生态旅游业的服务意识薄弱，这对乡村生态旅游业的发展是极其不利、具有重大影响的。因此，想要以全面实施乡村振兴战略和发展乡村生态旅业来带动乡村经济建设，专业旅游业服务人员的培养是必不可少的举措之一。而关于专业旅游从业人员的培养，可以从当地村民中选取。由于村民更加熟悉当地的民俗文化和生态地貌等，只要提高村民的旅游服务意识以及服务水平，就可以建立起一支专业、有文化底蕴的旅游服务队伍。既解决了部分村民的就业问题，又全面提高了乡村生态旅业的质量，为乡村振兴战略的实施打下了坚实的基础，也进一步推进了乡村经济的发展和建设。

目　录

第一章　乡村振兴战略概述

第一节　乡村振兴战略的内涵

近年来，我国"三农"工作取得了历史性成就。农业现代化水平逐渐提升，粮食综合生产能力稳定；农村生活条件日益改善，基础设施建设不断完善，但是仍存在诸多问题，比如农业竞争力较弱、城乡公共服务不均等、城乡收入绝对差额逐步扩大等，已经成为制约我国社会经济发展、全面建设小康社会的瓶颈。随着我国社会主要矛盾发生变化，城乡发展不平衡、农村发展不充分问题日益严峻。

在粮食价格"天花板"和成本"地板"双重挤压下，目前我国粮食增效、农民增收、粮食增产"三增"问题凸显。2017年10月18日，十九大报告中审时度势提出"实施乡村振兴战略"。乡村振兴战略的提出契合了时代发展的要求和社会主要矛盾的变化，为新时代乡村发展指明了方向，也将为推动农村地区经济社会发展注入强大动力。该战略的提出为乡村的发展带来了前所未有的发展机遇，同时也提出了更高的要求和期待。

一、乡村振兴战略实施的现实性和必要性

（一）农业竞争力低，影响农民收入提高

近年来，随着国家支农、惠农政策力度加大，农产品结构不断优化调整，

农产品竞争力也呈现增强态势，总体表现为"两高一低"特征，即劳动密集型农产品（水产、畜禽和果蔬等）和特色农产品竞争力较高，而土地密集型农产品（粮食作物、棉花、大豆等）竞争力较低。导致我国农业竞争力低下的瓶颈和根源在于农业经营规模过小，只有解决这一问题把农业经营规模扩大到具有规模经济效应的可持续发展底线之上，农业其他方面一系列问题才能够得到缓解。

（二）城乡基本公共服务不平衡，制约农业农村发展

1. 教育水平不平衡

教育资源分配是教育公平的起点，我国典型的二元城乡结构，导致教育资源在各个层面的分配不均衡，进而造成我国城乡教育发展不平衡和农村地区教育发展不充分并存的局面。城乡教育资源配置不平衡主要表现在师资、办学条件和教育经费投入三个方面。城乡本科及以上毕业的专任教师学历比存在一定差距，尤其是学前教育和小学教师，城乡差异较大，城市本科及以上毕业的专任教师比例均为农村地区两倍以上。同时城乡专任教师职称结构也存在明显差异，尤其是高级职称教师，城市比例远高于农村地区；从办学条件来看，农村地区生均校舍建筑面积要高于城市，但是农村地区校舍资产值低于城市，尤其是小学，城市生均教学仪器设备资产值及每百名学生计算机配置台数均为农村地区两倍以上，在城市高中在校人数是乡村13.42倍的情况下，城市生均图书册书也超过农村地区；经费方面，2011年以来，我国加大对农村地区九年义务教育经费投入，城乡义务教育阶段生均经费差异较小，城市略高于农村地区，国家通过对教育资源分配的调控，通过向乡村大幅度倾斜，使得城乡基础教育资源的差距得以缩小，但是长期以来教育资源配置不合理形成目前农村地区发展不充分的问题更为凸显。

2. 医疗水平不平衡

目前，我国城乡医疗水平差异仍比较大，主要表现在城乡医疗条件、

医疗队伍及医疗方面的投入等方面。农村医疗条件较城镇相比差距较大，医疗设施条件相对落后，医疗队伍参差不齐，医生技术水平普遍低下等问题并存，导致农民在乡村医疗机构只能看常见病症，遇到大病时乡村医生及医疗设备水平不匹配，时常造成因在乡村医疗机构看病延误治疗最佳时机。总体来看，目前农村医疗卫生方面无论从硬件方面还是软件方面相比城镇均比较落后，农民享受到的医疗服务与城镇差距较大，优质的资源一般集中在城市，尤其是大城市，农民重大疾病面临看病难的问题。

3.基础设施建设不平衡

目前，我国城市基础设施逐步完善，农村地区也得到明显改善，但是受历史和资金等方面因素影响，供给数量和质量总体均不能满足农村需要，城市明显要优于农村地区。城乡基础设施建设不均衡主要体现在以下几个方面：（1）城乡居民出行道路条件。目前城市几乎均为水泥路或柏油路，而农村地区，尤其是边远地区主要还是以砂石路和烂泥路为主，为农村居民出行带来较大不便；（2）饮用水源。目前城市自来水实现全覆盖，农村地区自来水覆盖面较低，部分地区饮用水还是来自井水；（3）生活燃料。城市目前基本能够实现天然气全覆盖，而农村地区目前主要还是以液化气和煤为主，甚至边远地区主要还是以烧柴为主，基本没有天然气供应。

（三）农民收入水平相对不高，降低农业生产积极性

近年来，我国农民收入稳步增长，但增速明显放缓，主要原因为农民家庭经营收入增收乏力，由此也暴露出农业比较收益较低，竞争能力不高，务农不富，造成农民种粮积极性不高，长期不利于国家粮食安全。目前我国城乡收入的相对差距逐渐减小，但是城乡收入绝对差额呈现扩大态势。随着国家一系列支农、惠农、强农政策的推出，农民转移性收入和财产性收入有了明显提高，但是财产性收入绝对值仍比较小。

三、乡村振兴战略的内涵

乡村振兴战略的提出是新农村建设的升华，乡村作为多元经济类型协同共生的空间，其各方面协调发展是推动全面小康社会建设的重中之重，是推动农村地区乃至全国各地区全面发展和繁荣的关键。笔者认为乡村振兴战略实施应按照"产业兴旺、生态宜居、乡风文明、治理有效、生活富裕"为总体要求，以五大发展理念为引领，以围绕农业供给侧结构性改革为主线，以农村一二三产业融合发展为抓手，让农业成为一种体面的职业、农村有体面的生活、农民有体面的收入，即"三农"的"三体面"，促进工业化、信息化、城镇化及农业现代化"四化"同步协调发展，实现我国乡村经济、政治、文化、社会和生态文明"五位一体"协调全面发展，最终实现城乡一体化协调发展。

经济发展是乡村振兴及各方面协调发展的前提。经济基础决定上层建筑，农村地区农业是基础，自古有"无农不稳、无工不富、无商不活"说法，农业的发展需要二三产业联合带动，农村产业有机融合发展作为我国农村经济新的增长点，有助于推动产业升级、提升农业竞争力、促进农村地区经济发展，形成"地方财政收入增加→公共服务支出增加→公共基础设施（教育、医疗、交通、通讯等方面）完善→吸引更多毕业生或优秀人才，有利于人力资本积累→为促进乡村经济发展奠定良好基础（优质劳动力、资金和科技等要素优化配置）"良性循环，为推动农村地区经济可持续发展提供内生动力，有利于构建乡村可持续发展的内生增长机制。

政治建设是乡村振兴的保障。"三农"问题是关系国计民生的根本性问题，也是全党工作重中之重，基层结构稳固则村民生活安然。基层民主政治建设是中国特色社会农村基层民主制度和农村治理一种行之有效的方式，农民作为乡村的主人公，构建自治、法治及德治相结合的乡村治理体系，切实保证农民群众民主权利，解决乡村发展中面临的矛盾和问题。

文化是乡村振兴的灵魂。乡村文化是城市文化的根底，是乡民赖以生存的精神依托和意义所在，因其具有广泛的群众基础，在民族心理和文化传承中有着独特的内涵。乡村文化的建设离不开经济的发展，经济发展为其提供必需的物质条件基础，同时文化的传承和创新又须与城乡发展相匹配，否则就会制约社会、经济的发展。

社会稳定是乡村振兴的关键。经济、政治和文化的协调发展能够促进社会的和谐发展，在某种程度上也能够反映出乡村振兴的状态。农村一二三产业融合发展，以农业为基础，依托二三产业带动农业发展，增强农业竞争力，同时能够在农村地区创造更多工作岗位，实现农民就地转移，解决农村空心化问题及农村留守老人、留守儿童和留守妇女"三留守"问题，有利于农村地区社会稳定。

生态文明是乡村振兴的出发点和归宿。建设生态文明是关系人民福祉、关乎民族未来的长远大计。乡村是根，城市是一个大树的树冠，所有叶子的能量最终要回归根的。因此，乡村生态文明建设直接关系着我国生态文明建设的成效。农村作为生态产品供给的重要基地，对整个生态系统具有支撑和改善作用。应发挥生态文明引领作用，改造传统农业，以生态文化提升乡村文明，以生态文明统领乡村振兴，真正将绿水青山变为金山银山，同时留得住美丽乡愁。

四、思路与建议

（一）乡村振兴思路

实施乡村振兴战略，必须明确工作思路与着力点，农民是主力军，农业是主阵地，农村是主战场。乡村振兴依托主体应该是农民，充分发挥农民主人公主观能动性，增强农民自身责任感和使命感；产业基础是农业，根本路径是要促进城乡要素双向流动，以产业有机融合为抓手，提升农业产业竞争力，充分激活农业和农村活力。实施乡村振兴战略应把经济发展放在首位，当然并非以牺牲资源环境为代价，提升农村发展内生动力。按照梯度优先发展的思路，在条件允许（有一定产业基础）的地方先行实施，逐步带动周边地区经济发展，最终实现乡村经济、政治、文化、社会和生态文明"五位一体"全面发展，实现乡村振兴。

（二）推动乡村振兴的政策取向

1. 顶层设计是保障

国家层面做好协调工作，做好顶层设计，统筹规划，为各地区实现乡村振兴指明方向，为农村地区工作开展提供全方位支持。同时，制定并完善配套政策，比如财税政策、农业政策、农村社会保障体系等。各地区政府部门应依托地区资源禀赋和实践，做好总体规划，具体贯彻落实。地方政府应制定相应人才引进政策，并提供相应金融支持，完善劳动力市场，加快农村劳动力转移，促进城乡要素双向流动，实现资源优化配置。

2. 生产要素投入是前提

实施乡村振兴战略，关键要解决好"人、地、钱"这三大要素问题，"人、地、钱"是主线。人的问题可以通过城乡双向流动解决，即农村过剩人口向城市转移，获取稳定的工资性收入，城市具有涉农相关知识和技术的高层次人才向农村流动，实现人的要素优化配置。农村过剩劳动力向城市转移是受城镇较高收入水平和较高生活质量的吸引，然而正是因为农村地区经济落后，条件艰苦，导致城市高学历、高层次人才对其望而却步、望而生畏，即使农村地区具有优越的生态环境，农村地区培养出来的大学生最后较少愿意再回乡，城市中的大学生更不愿意出城，造成农村地区人才源源不断流失，人力资本存量递减。舒尔茨认为："土地本身不是使人贫困的主要因素，而人的能力和素质却是决定贫困的关键"，人力资本在经济发展过程中起着关键作用，在乡村发展过程中亦是如此。如何解决人的因素，成为目前实施乡村振兴战略进程中亟须解决的现实问题。目前，我国农村和城市诸多差距导致人才向城市集中的现实，这在一定程度上促进了农业农村的发展，尤其是加速了土地流转，扩大了农地生产规模，但也产生了诸如乡村人口结构严重失衡、留守在乡村的大多数是老人、妇女、儿童等社会问题，造成乡村地区人才空心化。因此，乡村振兴的首要问题应该解决人这一要素，即如何吸引人才回流的问题。人在进行决策时都是理性的，即基于自身利益最大化角度择优选择。

因此，各地政府部门应制定适当的人才引进政策，加大人才引进力度，通常情况下影响就业的因素主要是待遇、发展前景、医疗服务及将来子女教育等方面，薪资待遇问题相比较容易解决，如何能够为回流的工作人员提供较好的医疗和教育问题是比较现实的问题，需要政府各部门进行协调，比如将来就医可以给予特殊优待，教育方面允许在城里一些学校进行择校等方式，以解决返乡工作人员当前及后顾之忧。有效的制度安排是促进经济发展的决定性因素，但是政策的制定要采取精准策略，即政策精准、地区精准和人才精准，不同地区要结合地区资源禀赋及产业优势，制定精准的人才引进政策，吸引亟需的人才。政策支持加上乡村地区天然优越的生态环境，必然将吸引一部分人回乡工作。通过鼓励农民创业和培育一支懂农业、爱农村、爱农民的"三农"工作队伍，促进农业农村发展人力资本的积累。

土地要素是农业发展的源泉，是农民的"命根子"。盘活土地要素资源是降低农业生产成本，提升农业竞争力的关键。近年来随着"三权分置"制度逐步完善，土地流转有序推进，但是目前我国农业仍然以散户分散经营为主导，长期不利于农业现代化水平的提高。十九大明确提出第二轮土地承包到期后再延长三十年，无疑给农户吃了颗定心丸，为此盘活土地经营权成为今后亟须解决的问题，即将来谁来种地的问题，将土地集中到种粮大户、种粮能手或其他新型经营主体手中，提高农业生产效率，实现资源优化配置。主要可以通过劳动力向城镇、向非农产业转移，创新农业规模经营方式。

乡村振兴离不开资金源源不断的投入，钱的要素也是必不或缺的。钱的要素主要可以通过两个方面来解决，即内因和外因。内因就是主要依靠乡村内部盘活各方面资源要素，依托各地区产业基础，通过产业融合有效提升产业竞争力，创新新型业态，自主创收，当然国家层面应该给予一定的财税政策优惠，乡村地区的创收尽可能用于乡村发展，减轻地方和国家财政压力；外因就是以项目为支撑，依托金融部门提供融资，或者引入社会工商资本参与。

第二节　乡村振兴战略问题思考

党的十九大确立的新时代中国特色社会主义基本矛盾是人民对幸福生活的向往与追求，与发展不平衡、不充分的矛盾。其中，不平衡的问题包括城乡发展的不平衡和农村资源的不充分。习近平总书记在十九大报告中强调，经济领域的乡村振兴战略是解决我国农村贫困问题。积极落实好小康社会奋斗目标，为实现中华民族伟大振兴铺就道路，为实现现代化而助力，其中之一便是乡村发展与三农问题等一系列现状的改变。

一、我国"三农"发展概况

新中国成立以来，我国农村发展问题一直未得到完全解决。首先，当时国内的经济状况决定国家对农村发展的要求。其次，由于新中国从统治近两千年的封建专制社会跳跃到社会主义社会，受封建思想的制约，要发展农村、农业，就必须解决好农民对土地的拥有和利用以及对土地的新的认识问题。

（一）农村土地改革历程

新中国成立之前，土地由封建地主所有，农民只是受雇于地主而进行劳作，无法自由利用土地，实现农民自身发展。中国共产党将土地分到农民手中，实现了农民真正的自身发展。经过抗日战争、解放战争，新中国成立后，迎来了中华民族的独立发展。毛主席带领我党进行农村包围城市的武装斗争取得胜利之后，仍关心广大农民。从新中国成立之前的土地革命、减租减息、土地改革等工作取得的发展，到中国促进农村工业的发展，经过对农村经济发展的不断探索，组织农民走农业合作化道路，建立农业合作社，以促进农村发展。在抵制资本主义路线时，倡导农民走社会主义大路，促进中国农业的发展，人民的共同富裕。之后由于农业问题的推进，不得不改变农业的发展模式，开始探寻新的农业发展道路，激发农民对农业发展的积极性。实行家庭联产承包责任制，不仅将农民从产能低下的农业模式中解救出来，还刺激了农民耕种土地的积极性。极大地提高了当时农业的效率。之后的改革开放，对中国经济展开新兴战略引领，促进社会主义市场经济发展，由减低农业税发展至消除农业税、对农业发展进行补贴，从农业助力工业到工业反哺农业，到今天的乡村振兴将农业发展提升至中国实现总体小康的重要地位。国家实施宅基地三权分置，意在促进农村与城市的共赢发展，由于农村与城市在土地与经济力量上的差异，我国促生此政策来调整农村发展与城市发展之间的矛盾，转化为发展农村短板的有效力量。

（二）农业结构调整变化

我国农业发展由来已久，从农耕文明发展至今天的新型农业，发展过程中经历了农业文明的不同发展阶段，各阶段又对农业发展结构产生变化与调整。历史上，我国农业离不开封建统治政策，但最基础的发展是乡村自治，即通过乡土本身结合发展经验，利用在国家法律要求之外的某些公共规则，对农民进行相关的管理与制约。其中，农村主要发展的是农业，所以乡规民约面向中国历史中农业发展及其政治文化而付诸实际管理。农民并未实现自主发展，依然受制于掌握主导的乡绅、族长的指示而发展，农业结构仍然是为别人进行劳作服务，自己只能得到甚少的回报以维持生存。

新中国成立以来，我国农业发展较快，在不同的政策驱动下，农民与土地随之发生了变化。由原来没有土地到有土地，从有土地到家庭自主利用土地，到农民土地收入全部属于自己，再到国家对农业进行经济补助，及至今全国农业反哺，以促进农业综合性发展，提升国家整合实力。但是，农民对于农业发展却出现消极态度。国家针对三农问题不断进行引导发展，以补齐农业发展的短板。

（三）农民整体素质提高

新中国成立之后，中国人民从土地上站立起来，更是从精神上站立起来，在面临百废待兴的新中国时，更自信、更有力量创造新生活。

首先，要求人民必须解决自身温饱，才能对社会发展发挥作用。所以，当时国家鼓励农民多生产，努力提高产量，解决国家温饱问题。农业助力工业发展，是因为国家壮大，工业要取得巨大发展，才能跻身世界发展大潮中。农民自身温饱得到解决，身体素质得到提高，就是对国家的最大支持。同时，注重农民精神层次发展，注重教育对农村的影响，农民对下一代进行良好的教育，以使得农民趋近城市居民的发展，更从知识层面提高他们对中国发展建设的了解，提升农业助力国家增长与发展，综合性发挥自身价值促进社会进步，扩«大了农民发展的整体性，满足农民对精神层面的发展需要，提升国家人口的知识面貌。对农民发展进一步的提升，在不断更新的实际状况中，农民开始注重幸福感的获取，对幸福生活的向往转变为国家对人民发展的目标与国家自身发展的要求。

二、新时代农村发展环境

"三农"问题产生与新时代农村发展和振兴展望，说明我国农村是在不断地产生矛盾和不断地解决矛盾过程中发展的，突出乡村对时代发展的回应，也表现不同时代，乡村对国家大政方针的实效性检验。乡村发展显示国家发展，也会显示时代发展的瓶颈与状况，乡村变化是时代推演的对照，相互依靠又相互促进。所以，新时代对乡村发展提出更高要求、树立更高目标。

（一）国家转型发展的挑战

十九大报告提出，我国经济目前正在由高速增长阶段向高质量发展阶段转变，正处于发展方式转变、经济结构优化、增长动力转换的关键时期。国家经济面临调整，农业更需要转型，在国家改革发展中增速助力。十九大报告提出乡村振兴战略，将三农问题提升为关键性产业，相比工业来讲，农业更能凸显我国经济发展的矛盾。首先，由于工业化、城镇化很大程度上促进了经济快速地向前发展，奠定了中国在世界的地位，快速提升了整体经济实力。国家对工业发展十分重视，促使乡村劳动力到城市谋求发展，导致农村空心化，居住人口老龄化。剩余劳动力在农村严重缺乏，使得农村的发展缓慢。其次，农业遭受冲击，农药化肥各种农资产品价格上涨，抬升了农业成本，但农产品价格未上涨，从而减弱了农民发展的信心。乡村依靠农业，但农业在工业与其他新兴产业的排挤下发展萎缩，凸显出我国经济发展高速增长所付出的代价，产业结构不平衡，与农业供给不充分的矛盾突出。

（二）农村扶贫惯性依赖

国内经济结构失衡，原因在于农业发展的问题。国家着手针对三农问题的研究，并提出解决措施。第一产业发展欠缺造成农业人口经济状况下降，政治、经济、文化造成影响，农业人口占很大一部分，农民发展不起来，影响生活水平提高，农业的欠发展也会影响其他产业结构优化，必须通过大力扶贫解决这些矛盾。

国家对乡村进行补贴。以财力物力提高农民生活水平，表现为"输血"式扶贫，但此种"输血"法使农民对乡村发展产生懈怠，认为依赖国家补贴就能解决温饱，可以满足现状。部分地区乡村贫困户依靠国家补贴生活，甚至丢弃耕地，放弃农业对经济的提升；完全依靠国家救济生活，未将农业优惠与补贴投入到农业生产中去，衍生出对国家补贴的依赖，不重视自身的投入，不通过努力获得经济与政策的支持，拖延了经济发展进度。

（三）农村发展攻坚克难

新时代，农村的经济已由完全依赖，逐渐转向重视乡村发展，由"输血"向"造血"发展，展开精准扶贫，结合扶贫情况重新开发扶贫的路子，对乡村采取对口经济增长模式，结合乡村条件发展具有自身优势与独特性产业，改变乡村以农业为主提升经济的状况，改变贫困面貌，使乡村有所创新与改观。

乡村发展与产业调整要结合自身状况，鼓励乡村将自身资源发展转化成资产，将资金转变成实际投资，以增进农业经济的发展。这不单是促进乡村资源的改变，更是促进农民对于自身发展与国家发展关联性认识的提高。在改革发展中，激发农民自主性的潜力，开展"扶贫扶富"，才是促进乡村发展内驱力的关键。所以，新的三农改革措施对乡村经济提出巨大挑战与考验，不单是提高农民的生活，更要促使农民关注农业的发展，积极提高农业产值，提升第一产业在新时代发展前景，促进整个产业结构优化调整，从农民自身开始注重农业，助力国家对产业与经济的改革转型。

三、国家针对农村经济治理

伴随国家经济发展转型，农业农村方面多年积累的矛盾开始显现，产业结构失衡，经营模式僵化，农民收入不高，凡此等等，需要对国内农业改革转型，促进农业经济的提升，产业结构优化发展。

（一）助推乡村发展把握机遇

从我国国情看，目前最大的不平衡是城乡发展不平衡，最大的不充分表现为当前乡村发展的不充分，国家必须均衡城乡发展资源，尤其关注乡村经济发展。资源自主流动性导致资源选择有利的发展环境,城市不对发展资源进行吸收,资源会主动进入城市规划之中。乡村产业结构与经济发展单一,对资源吸引力不大,造成资源流失。

助推乡村发展必须促进乡村经济发展对资源的利用,政府需要开展柔性扶贫。首先,要促使农民对资源的认识,再进行发展,抓住自身自然资源、社会资源及文化资源,有效整理资源,发掘资源的实际价值,探寻实现资源价值具体方略;第二,将资源合理整合,结合乡村发展特点规划路径,把源于乡村的资源运用到乡村经济发展上,既对乡村综合性发展,又符合国家"绿水青山"的国策;第三,在促进本土优质资源利用后,再打造符合自身又有亮点的特色产业,吸引城市或其他资源的投放,拉动不同环境资源互享利用,促进城乡联系,把握国家城乡发展政策。

(二)统筹城乡一体化建设

城乡一体化发展是由于"二元"发展造成国家对农业、农民、农村环境的极大亏欠。农业要为工业服务,促进工业发展,转让资源给予工业,促进工业的发展。只注重为工业发展服务,造成农业资金、人力转移后的资源缺乏,农业生产环境恶化,形成顾此失彼的状态。

统筹工业与农业的共同发展,首先,要专注于农业的合理进步。在我国经济综合转型中合理调配资源,促进资源对农业的支持,改变工业过剩的状况。工业对农业进行反哺,产业结构调整表现出:农业生产、农业产品及剩余劳动力投入到工业发展中;其次,工业提供生产工具改变农业获利渠道,通过改变农村社会,改变农业发展,形成有机的类生态系统,在一个圈子里发展农业与工业,将两者有机结合。目前,工业反哺农业更突出的是二者互补,说明城乡一体化必将付诸实践。促进城乡良性互动,不仅能促使中国经济整体发展,更能呼应国家宏观层面互惠互利、共建共享目标,实现国家在国际舞台与内部发展的一致性。

（三）推进乡村产业结构优化

乡村产业传统发展以农业为主，结构调整上实现优化必须改变单一模式，转化农业思维，推动农业示范发展，整合土地资源，对生态系统保护，并对生态破坏地区进行修复，提升农村环境保护；促进科技进步，结合城乡发展，发挥城乡产业集群效应，实现产业不同区域内优化组合，联合为总体区域发展，实现产业联动与融合，践行城乡经济发展一体化。

我国农业发展的缺点表现为"大而不强，多而不优"，并且在工业与服务业面前尚处于弱势。所以，国家层面对农业发展进行财政性补贴，以增进农业本身的融资能力。农村地理环境使农村对资源与资金吸引受限，无法引进投资。但城市资源渠道比农村丰富和广泛，城乡结合将农村作为城市经济的腹地，农村将城市作为资深经济发展的前沿机构所在与资源吸收场所，共同打造城乡一体发展互惠互利结构。整体结构中，利用农业发展优势，对二、三产业结合运作，优化农村产业经济与城市经济结构布局，发挥优势，促进经济环境发展，不同产业通过地域连接，实现产业地域优势和地域产业优势，推进乡村内部产业结构优化，吸引城市优化产业资源，搭建经济优化发展结构。

四、创新乡村自治调节发展

中国乡村历经数千年，较为明显的治理是乡村自治。这种治理方式凸显了中国古代对农业发展规律的把握，将传统文化与农业耕种联系起来。古代中国特色是以农业凸显大国地位，土地广博、资源丰富，农业发展技术在当时相当发达。农村自主治理模式是催生巨大经济量的根源所在，今天促进农业发展需要进行良好规划。

（一）整合农村发展资源

乡村资源能直观展示的并不多，基础的是土地与劳动力资源。结合传统乡村分析，就不只是这两种资源了。中国传统文化来自中国传统社会，中国传统社会以农业发展为主，农业衍生出的文明同样是巨大资源。由于传统乡村逐渐被工业渗透，导致农村非物质文明流失，失去优秀传统文化，特别是植根于农耕文明的优秀文化。抵制流失，实行发展就是保护，促进资源优化。

"五位一体"发展理念将文化作为资源进行开发，对农业发展生态资源进行保护。现今农业不再是精耕细作，需要投入巨大劳动力，而是要因地制宜，立足本地优势资源构建现代农业产业体系，结合本地环境开展新经营体系；保护生态环境是对生产力的保护，以生态发展推进农业生产提升，是对生产力的开发保护。开发生态环境新型生产力，保护促进生态环境发展传统生产力。对新兴生产力开发是创造新型农业产业结构，促进农村发展，实现精准扶贫；对传统生产力保护则要结合中国优秀传统文化，立足农业生态伦理发展，开展文化对农耕生活的趋向指导，落实传统优秀文化在新时代的发展。立足农业经济发展展示传统文化，进行中国产业与文化的有利结合，从农业经济改革凸显中国文化与农业文明的渊源，使五位一体发展与乡村振兴战略融合发展。

（二）乡村社会治理转型

从古至今，乡村治理较为可行的办法是乡村自治，从乡村自身发展，以源于乡土社会的乡规民约对乡村进行治理。发挥群众作用，对农民主体性地位有质的提升，促进农民找到主动性根源所在，将乡村治理与农民实际联系起来。

新时代发展与转型，促进新兴事物产生，乡村发展需要面对新型的社会力量与社会组织，可以发挥不同组织的作用。完善乡村发展，实现传统社会宗族组织发展向政治管理借鉴，对乡村自治更新，农业发展实现政治经济良性互动，促进现代化发展。激发农民对乡村发展自主性能力，使农民既专注自身发展又关心政治，关心国家决策与执行；将农民拉回乡村经济发展，改变国家输血扶贫与造血扶贫，促进农民对资源的保护与利用而非靠政府引领。在经济方面促进自身产业发展，提升积极性，建立乡村新型自产自营，实现乡村力量与智慧集聚，助力乡村稳步向前。

（三）创建美丽中国乡村

新时代下建设美丽中国，乡村振兴创建美丽乡村。当前供给侧改革趋势之下，在城乡一体化基础上，促成农村集体经济壮大，需实现产业融合，促进发展美丽乡村。发展乡村旅游，要以绿色生态环境为依托，并与特色农业结合，将服务业融合乡村农业发展，打通城乡互动，将单一产业结构与改革转型相挂靠，促进产业良性发展。利用旅游及相关服务业，发展新型产业，促进新型农民发展，结合发展理念培养新农民，促进新农民和原有农民对农业发展，催生田园综合体的实施。以改变原有农业状态，推出特色农业特色产业，打造农村与城市相互链接更为紧密的发展体系。

发展乡村旅游是乡村振兴战略推手之一，在此基础上实现美丽乡村建设及农业现代化。目前，乡村旅游业发展主要依靠城乡环境差异，让在城市工作与生活的城市居民对乡村生活产生兴趣。不同地域与环境资源形成优势旅游产业，可以促进乡村文化发展，提升乡村经济发展。文化产生新的旅游风尚，衍生适宜本土的旅游资源，使本土经济生活环境升华。乡村文化是乡村发展的标志，是催生乡村旅游发展的新兴势力。经济发展上要凸显文化的重要性，实现中国经济实力，而非将经济提升世界前端，丢失精神的力量。从国家层面助力乡村经济发展，实现乡村振兴，从乡村角度助力美丽中国建设，实现中国梦。

乡村振兴战略是对中国经济领域发展的考验，更是对中国综合性转型与改革的检验。新时代中国要实现中华民族伟大复兴，使中国在世界民族之林站稳，需要对当前中国经济发展进行总体考量与部署。乡村发展是发展的短板，要实现诸多目标，必须补齐乡村发展落后的短板，提升国民经济收入，才是立足我国综合发展的必由之路。

第三节　乡村振兴战略的鲜明特色

党的十九大以来，以习近平同志为核心的党中央总揽国家现代化进程的战略全局，对实现农业农村现代化做出了重大战略部署，提出了乡村振兴的重要发展战略，这是马克思主义理论与中国特色社会主义建设实践相结合的最新成果，是当代中国"三农"工作的思想指南和行动纲领。这一战略是在继承新中国成立以来已经取得的"三农"工作成果的基础上，针对新的历史条件下中国经济社会发展的最新需求，经过以习近平同志为核心的党中央充分酝酿调研和反复论证，最终以中共中央、国务院决定的形式予以颁布和确立的"三农"工作的总体规划或总纲领，从而构成了当代中国做好"三农"工作、实现农业农村现代化的战略谋划。从乡村振兴战略形成的历史节点、针对的现实问题、运用的思维方法、实现的路径选择上看，它具有显著的时代特征、突出的问题导向、科学的顶层设计、典型的实践创新等鲜明特色。

一、显著的时代特征

与时俱进是马克思主义最重要的理论品质。反映时代特征、顺应时代要求是国家发展战略秉承马克思主义理论品质、与时俱进的突出表现。乡村振兴战略具有显著的时代特征主要是指它形成于中国特色社会主义进入新时代这一特殊历史时期，能够反应新时代国家发展对"三农"工作提出的新要求，能够解决新时代条件下实现农业农村现代化面临的新课题，从而使其充满着浓郁的时代气息。

党的十九大报告指出，"中国特色社会主义进入了新时代，这是我国发展新的历史方位""从十九大到二十大，是'两个一百年'奋斗目标的历史交汇期。我们既要从全面建成小康社会、实现第一个百年奋斗目标，又要乘势而上开启全面建设社会主义现代化国家新征程，向第二个百年奋斗目标进军。"《中共中央国务院关于实施乡村振兴战略的意见》中指出，实施乡村振兴战略"是决胜全面建成小康社会、全面建设社会主义现代化国家的重大历史任务，是新时代'三农'工作的总抓手。""中国特色社会主义新时代、全面建成小康社会、全面建设社会主义现代化国家"共同构成了乡村振兴战略形成的时代背景。乡村振兴战略也正是从我国所处的新的历史方位出发，既对标全面建成小康社会必须完成的硬任务，又着眼筑牢全面建设社会主义现代化国家的坚实基础而提出的。它所要回应的是中国特色社会主义进入新时代后如何实现农业农村现代化这一重大历史课题。

深刻分析乡村振兴战略产生的时代背景，准确把握它面临的时代任务和要解决的时代课题，是深入理解乡村振兴战略的基本出发点，也是科学认识中国特色社会主义理论最新发展成果的必然要求。从总体上看，乡村振兴战略是改革开放以来"三农"工作整体战略中的一个特殊发展阶段和重要组成部分，它是中国特色社会主义进入新时代对"三农"工作的战略规划，也是国家农业农村现代化理论和战略在新时代的提高与升华。乡村振兴战略显著的时代特征就在于它既是具体的、历史的，又是整体的、统一的。把握好乡村振兴战略的时代特征既要注重从具体的历史条件出发，也要注重从国家战略发展变化的整体出发。

二、突出的问题导向

问题是时代的声音，只有准确把握每个时代面临的问题，才能找到引领时代进步的路标。坚持问题导向既符合马克思主义认识论的内在要求，也是贯彻党的思想路线的具体体现。党的十八大以来，国家各项战略制定的基本依据就是建立在科学分析时代难题、准确把握社会主要矛盾的基础之上的。"增强问题意识""坚持问题导向"是新时代国家战略形成和产生的鲜明特征。乡村振兴战略也是以解决新时代社会主要矛盾为出发点，以

"三农"工作中存在的重大问题为导向而提出的推动我国农业农村现代化的新谋划、新举措。

党的十九大报告指出,"中国特色社会主义进入新时代,我国社会主要矛盾已经转化为人民日益增长的美好生活需要和不平衡不充分的发展之间的矛盾"。《中共中央国务院关于实施乡村振兴战略的意见》中特别强调,"当前,我国发展不平衡不充分问题在乡村最为突出"。并从农产品供给状况、农业供给质量、农民适应生产力发展和市场竞争能力、新型职业农民队伍建设、农村基础设施和民生领域欠账、农村环境和生态问题、乡村发展整体水平、国家支农体系建设、农村金融改革、城乡要素流动机制、农村基层党建、乡村治理体系和治理能力等方面做了全面、系统的分析,进而指出,"实施乡村振兴战略,是解决人民日益增长的美好生活需要和不平衡不充分的发展之间矛盾的必然要求"。习近平总书记也多次强调,"我国农业农村发展已进入新的历史阶段,农业的主要矛盾由总量不足转变为结构性矛盾、矛盾的主要方面在供给侧,必须深入推进农业供给侧结构性改革,加快培育农业农村发展新动能,开创农业现代化建设新局面"。可见,农业农村发展的问题意识和问题导向贯穿和反映在党的十九大以来"三农"工作的全过程和各个方面,成为乡村振兴战略设计的一个重要特征。解决"三农"领域存在的突出问题,有针对性地回应人民群众的社会关切,是乡村振兴战略的根本出发点和落脚点。

"什么叫问题?问题是事物的矛盾。哪里有没有解决的矛盾,哪里就有问题。"正视问题、发现并抓住问题才能做到有的放矢,才能赢得解决问题的主动。中国实现农业农村现代化一样需要正视、发现并抓住"三农"领域存在的突出问题。2018年中央1号文件中关于"三农"工作的八项重大部署都是围绕关键问题展开的,每一项部署都重点解决一类问题,充分体现了乡村振兴战略突出的问题导向特征。

三、科学的顶层设计

顶层设计是一个工程学名词，旨在通过统筹考虑一个项目的各层次、各要素，并寻求在最高层次上解决问题的思想方法。党的十八大以来，顶层设计已经成为一个中国政治领域的新名词，专指改革进入深水区之后，仅靠"摸着石头过河"已经无法适应改革需求，因而要统筹考虑各种要素的关联、匹配与衔接，加强中央对改革方案的系统谋划，从而使改革具备实践可行性。乡村振兴战略就是党中央对"三农"工作进行系统谋划的成果。从总体上看，乡村振兴战略是建设社会主义现代化强国的战略谋划之一；从乡村振兴战略本身来看，它又自有逻辑、自成体系。

"实施乡村振兴战略是党和国家的大战略，必须要规划先行，强化乡村振兴战略的规划引领。"自党的十九大提出实施乡村振兴战略以来，中共中央先后颁布了两个中央 1 号文件，对实施乡村振兴战略，做好"三农"工作进行了全面部署，并制定了《国家乡村振兴战略规划（2018—2022 年）》，对实施乡村振兴战略做出阶段性谋划，从而搭建起了实施乡村振兴战略的"四梁八柱"，其中，包括国家战略规划引领、党内法规保障、国家法治保障、领导责任制保障等重要内容，并布置了 82 项重要战略、重大行动、重大工程，对如何解决钱、地、人的问题做了统筹安排，此外，还建立了包含 22 项具体指标的乡村振兴战略指标评价体系等。与此同时，地方政府也开始抓紧出台各地的乡村振兴战略规划。目前，乡村振兴战略在中央的总体设计、统筹协调之下，正在全国范围内整体有序推进。

顶层设计的优势在于可以做到管长远、顾全局、抓根本。乡村振兴战略方案是一个全面、深刻、缜密的农业农村现代化蓝图，既涉及农村产业、文化、治理、民生、生态等方方面面，也涉及城乡融合发展体制机制和政策体系，还涉及国家法制建设、党的农村工作领导体制机制等各种问题，不注重整体性、协同性、关联性，就会顾此失彼，得不偿失。从乡村振兴战略的提出到实施，充分彰显了中共中央强大的顶层设计能力和稳健成熟的改革控制能力。可见，注重科学的顶层设计是乡村振兴战略的一个突出特点，把握好这一特点能够使我们更准确地理解乡村振兴战略的深刻内涵，从而更好地将其贯彻落实到具体行动之中。

四、典型的实践创新

"社会生活在本质上是实践的。"实践是马克思主义永葆生机与活力的源泉，实践也是中国特色社会主义不断发展与完善的动力。乡村振兴战略是在社会主义现代化建设的伟大实践中才得以形成、发展和完善的，乡村振兴战略描绘的美好蓝图，也只有通过生动具体的实践活动才能最终实现。典型的实践品格构成了乡村振兴战略的固有特质。

制定乡村振兴战略规划的过程中，国家发展改革委员会先后多次派出调研组，深入河南、辽宁、吉林、江西、湖南、四川、贵州、陕西、甘肃等省开展专题调研，实地察看了农村农业生产情况、基础设施建设状况、集体经济组织运行情况等，深入了解农业农村发展中存在的问题，掌握农民生产生活上存在的突出困难，听取基层干部群众的诉求建议，并将切实有效的解决方案和具体措施充分体现在乡村振兴战略规划当中。不仅如此，国家发展改革委员会还会同民政部、农业部、文化部等相关部门组成联合调研组开展乡村振兴战略规划编制专题调研。乡村振兴战略规划是在充分调研的基础上形成的，切实反映了当前农业农村的发展状况，体现了亿万农民的新期待。乡村振兴战略在各地贯彻落实的过程中，同样以各地的实践探索为基础，形成了多种多样的乡村建设样板、产业发展格局、农村土地改革路径、乡村社会治理模式。仅被人民网报道的就有上百个地区的典型经验和做法，这些都是各地政府结合本地实际实施乡村振兴战略的实践成果，也是人民群众发挥主体作用推进乡村振兴的生动诠释。

习近平总书记在中共中央政治局 2018 年第八次集体学习时强调，"党中央已经明确了乡村振兴的顶层设计，各地要制定符合自身实际的实施方案，科学把握乡村的差异性，因村制宜，发挥亿万农民的主体作用和首创精神，善于总结基层的实践创造"。在中央统一规划的前提下，鼓励地方结合本地实际积极探索乡村振兴新路子的做法是党的十九大以来乡村振兴战略实施的鲜明特点。此外，突出强调弘扬实干、担当精神，也是新时代乡村振兴实践的突出亮点。习近平总书记多次强调，"要坚持以实干促振兴"，"一件事情接着一件事情办，一年接着一年干"。由此，一系列关于督办协调、督查落实、考评激励、责任追究的工作机制、制度规定相继出台。可见，乡村振兴战略的实施是实践探索与创新精神的有机结合，是党和人民群众建设中国特色社会主义的又一次伟大创造。

乡村振兴战略是以习近平同志为核心的党中央从建设中国特色社会主义事业全局出发，立足全面建成小康社会，着眼全面建设社会主义现代化国家，以解决"三农"问题为导向提出的国家发展战略。它明确了当代中国开展社会主义现代化建设必须完成的硬任务，为实现农业农村现代化指明了方向，为乡村全面振兴提供了思想引领、战略谋划和行动纲领。乡村振兴战略形成于中国特色社会主义新时代这一特殊历史时期，具有显著的时代特征；它以解决农业农村发展不平衡不充分问题为目标，具有突出的问题导向特征；乡村振兴战略注重国家系统、整体谋划，具有科学的顶层设计特色；乡村振兴战略的实施注重实际差异、强调因地制宜，具有典型的实践创新性。乡村振兴战略的鲜明特色是其区别于我国历次农业农村改革方案的关键所在，也是其具有强大生命力、得到群众广泛支持的根源所在，它必将在中国特色社会主义发展史上书写亮丽的一笔。

第四节　乡村振兴战略实施的路径

我国是一个传统的农业大国，只有真正解决好"三农"问题，才能更好地稳定社会，实现现代化强国的发展。当前，全国上下高度重视乡村振兴战略的实施。各地应结合实际情况，从产业振兴、社会振兴、文化振兴、生态振兴、组织振兴等五个方面，全面保障乡村振兴工作的落实执行，加快农村经济发展，促进新时代乡村建设。

一、乡村振兴发展的路径

（一）构建完善的乡村产业发展体系

首先，要构建深度融合的现代化产业体系。要不断推进一、二、三产业融合发展，如推进农业＋观光旅游产业发展，加大乡村产业融合发展力度。要将乡村产业发展过程中出现的农商产业、产业联合体等新的产业链主体，进行重点资源整合，加强对农产品生产、加工、产销等一体化产业体系建设。其次，要完善乡村振兴服务体系。要充分发挥第三方服务机构作用，引入第三方服务制度，更规范地开展乡村工作，对乡村振兴发展过程中各环节所需要的服务工作（如技术转移、资金筹备、人才引进等）提供全面保障。再次，要注重对数字技术的应用。要高度重视对大数据技术、网络技术等的应用，对乡村建设过程中的基础数据进行全面的搜集、整理，构建完善的数字资源体系，为后期开展现代化农业发展提供基础的数据保障。最后，要对全产业链的发展进行标准化体系建设。要结合现代农业产业发展要求，对农业产业链中涉及的发展要素等进行全过程的标准化管理，打造全产业链的标准体系，促进乡村振兴发展。

（二）不断开展精细化的乡村治理

要不断推进乡村治理的规范化开展。要结合美丽乡村建设，对乡村治理的各项工作进行标准化规范。在标准化的规范中，有效完成各种建设任务，促进乡村治理工作的全面提升。

要构建能够覆盖所有区域的网格化管理系统。要将有助于推动乡村振兴发展的各种资源进行整合，推行网格化管理，将服务融入网格管理过程中，有效化解基层群众的矛盾纠纷，体现出全方位服务管理效果。

要对农村基层服务工作进行标准化建设。围绕集体产业管理、乡村旅游发展、乡村文化建设等领域进行服务标准化建设，不断提高乡村标准化服务、智能化管理水平。

要综合采用乡村综合服务、乡村志愿者服务等方式，积极为基层群众开展各种服务。注意在标准的应用中检验治理水平，为乡村振兴提供良好环境保障。

（三）加强乡风文明体系建设

要结合乡村振兴的政策运用，实现当地文化的良好传承。乡村发展过程中，要对乡村文化中的优秀内容进行深入挖掘，在发扬继承传统美德的同时，对既有的风俗秩序进行规范。比如，在文化传承的过程中，借助榜样故事引导村庄内部形成积极的文明风尚，营造文明乡风，为促进乡村振兴打下坚实的思想保障基础。

要大力推进移风易俗，打造乡村振兴良好环境。进入新发展阶段，移风易俗工作成为推进乡村振兴战略的主要内容。基层政府部门要站在新时代的高度，引导村民摒弃陈规陋习；要继续发挥出榜样的表率作用，引导村民建立责任意识，形成积极健康的乡风乡俗，树立新的社会风貌。

（四）注重乡村生态系统的修复改善

在进行乡村生态系统修复同时，要注重村容村貌的改善。要根据不同乡村实际情况，加强整体规划建设，构建生态宜居的乡村环境。比如，对村民的住房样式进行统一设计，体现出独特的乡土特点、地域特点，以利于村容村貌的和谐统一；对乡村中的公共空间要充分利用，进行统一规划，减少杂物随意乱放、乱占的问题。除此之外，还要对乡村的道路环境进行改善，提高乡村的交通能力，以支撑乡村产业发展。

要对农村生活垃圾进行集中处理。在乡村振兴发展过程中，一定要注意对农村生活垃圾的集中处理。只有全面推进垃圾集中处理、污水集中排放、公厕建设等工作，才能打造出美丽的宜居乡村。在这个过程中，可以通过环境卫生示范户争创工作的开展，提高村民注重个人卫生、环境卫生的思想意识，不断提高乡村生态文明水平。

要推进城乡一体化发展。在乡村规划建设、产权管理、市场化资源配置、行政审批工作、公共服务、生态建设、社会治理等重点领域，要使用城乡一体化的标准开展工作，促进乡村振兴战略的深入实施。

（五）夯实乡村振兴发展的保障

首先，要切实发挥产业发展的基础保障作用。在乡村振兴发展过程中，产业兴旺是关键。乡村基层组织要不断对当地特色产业进行深入挖掘，引导形成产业链条，实现产业升级，打造区域特色产业品牌。其次，要切实发挥基层组织、各种团体机构的服务作用。乡村基层政府部门需要切实转变思想，加快构建服务型基层政府，并不断提高服务能力，将为农民提供服务作为工作重点，促进乡村振兴。基层组织要结合志愿者服务工作的开展，将广大思想先进、行动积极的村民集中起来，共同组建乡村服务志愿者团队，并针对农村发展、农民生活中出现的各种问题提供多样化的专业服务解决方案，促进乡村振兴。

三、当前乡村振兴工作中存在的问题

（一）乡村振兴发展的资金保障力度不够，标准体系建设不完善

乡村振兴战略的实施，是一项长期性、系统性工作，涉及范围广、实施难度大，需要大量的资金投入，但目前政府部门对乡村振兴工作的投入保障力度仍有不足。此外，当前农业产业发展中，制定和使用的标准多是在生产环节，但农产品流通、农业产业融合发展、农业社会化服务发展、智慧农业发展、乡村治理发展等方面，仍存在标准化体系建设不完善现象，造成各种不规范问题，严重影响乡村振兴战略的实施。

（二）乡村人才队伍力量不足

乡村振兴发展不仅表现在产业发展中，还需要同时促进文化发展、生态发展，因此，对相关人才的需求量和要求标准比以往更高。当前，农村基层组织工作人员大多文化水平有限，年龄普遍较大，面对繁杂的工作内容，往往很难发挥出积极作用，限制了乡村振兴工作的创新开展。在乡村振兴战略实施过程中，存在着严重的人才不足问题，一方面农村青壮年劳动力大量外流至城市打工，另一方面农村缺乏引进高素质人才的吸引力，这直接限制了乡村相关产业的发展速度。

（三）乡村振兴的新产力度不够，动力不足

首先，由于缺乏一定的保障机制，造成对乡村振兴发展的各种措施存在不完善的现象，一些村镇在进行发展规划的过程中，缺乏前瞻性、系统性。比如对乡村的发展规划，不能站在村庄发展的高度进行整体的规划，导致乡村振兴政策落实不到位。其次，部分地区乡村振兴工作并没有真正地结合乡村实际情况，存在着发展乡村振兴思路不清晰、方向不正确问题，未从当地特色产业发展的角度进行长远规划，甚至有跟风发展的问题，丧失了很多发展机会，更不能有效调动村民的积极性，降低了乡村振兴发展的动力水平，造成乡村振兴发展的效果不明显。

四、乡村振兴发展的保障措施

在乡村振兴发展过程中，要从以下三点做好保障。第一，要注重对乡村振兴发展的资金保障，构建完善的发展标准。为更好地推进乡村振兴发展，一定要对发展资金进行充分保障。通过发挥资金的引导、支持作用，鼓励更多的单位参与到乡村振兴发展过程中。同时，要对标准化的示范项目进行积极推广，并给予适当的补贴。第二，要建立人才队伍保障，不断提升基层工作人员的综合素质水平。要从市县一级的专业人员到基层群众，

全面做好乡村振兴发展的宣传、总结、推广等工作，保障乡村振兴工作的有效开展。第三，要建立宣传保障，不断提升乡村振兴发展的动力。要对乡村振兴工作中取得的成果和出现的优秀典范人物、事迹进行大力宣传，形成良好的社会效应，提高乡村振兴战略的影响力。

总之，要围绕乡村产业发展、社会治理工作、乡风文明建设、生态文明建设等方面工作，全面打造优美的乡村环境，形成健康和谐的乡村风尚，促进乡村经济全面发展，大幅提升村民文明素质，并提供资金保障、人才保障、宣传保障等，大力推进乡村振兴战略的全面实施。

第五节　乡村振兴战略转型路径研究

中共十九大报告强调，中国特色社会主义进入新时代，社会的主要矛盾已经转变为人民日益增长的美好生活需要和不平衡不充分发展之间的矛盾。目前，中国最大的不平衡是城乡之间的发展不平衡；最大的不充分是农村发展的不充分，因此需要提振乡村，实现乡村振兴战略转型。它是新时期党对"三农"发展新形势新任务新目标的重大判断、重大决策。本节立足于新时代农村改革发展的迫切需求浅谈乡村由衰落走向复兴转型发展的实施路径与效果探析。

一、加快培育乡村农业发展新动能

当前我国农业已进入新的发展阶段，农产品供给的品种和质量没有契合消费者的需求，因此要加强推进供给侧结构性改革的进程，调整和优化农村产业结构，坚持走质量兴农、绿色之路，确保国家粮食安全。通过构建农村一二三产业融合发展体系，积极培育新型农业经营主体，不断提高农产品的创新力与竞争力，开创农业现代化建设新局面。

（一）优化产业结构，实现绿色转型发展

党的十八届五中全会鲜明提出了创新、协调、绿色、开放、共享的新发展理念。它对于破解农业发展与水土资源紧缺及其环境承载力的难题、保证农产品高质量的有效供给具有重大指导意义。当前我国农业生产面临市场与资源的双重束缚。这是因为农产品的供给并非单一的目标，而是多元化的目标，其中既包括粮食方面的安全，也就是说以不到 8% 的耕地，维持着全球五分之一人口的粮食安全问题，同时还包括资源能力有限的农业产业的优化、升级与竞争力的提升等。如何在五大发展理念的指导下优化产业结构，实现农业绿色转型发展，是新时代必须解决的现实问题之一。

调整优化产业结构，实现绿色转型发展需要国家、市场、个人三方联动。以市场需求、国家宏观调控政策为导向。例如，今年小麦开始下调最低收购价格，充分发挥市场机制作用，引导农民根据区位优势，种植优质水稻、强筋和弱筋小麦，同时在改革中加快完善补贴、保险等配套机制，保护农民种粮积极性。就农民主体而言，转变经营理念，让农业生产焕发出新的活力，不断推动传统农业向现代农业转变，实现生态种植业、生态牧业、生态林业等多种模式的生态农业，生产出无公害生态农产品和绿色生态食品，为城乡居民提供丰富的农产品供应，为粮食安全提供支持和保障。

（二）构建农村一二三产业融合发展体系，积极培育新型农业经营主体

促进农村一二三产业融合发展，是新时代做好"三农"工作的重要内容。一方面：中国特色社会主义进入新时代，农村一二三产业融合发展空间更加广阔。因此需要在行业、地域、城乡之间打破原有阻滞障碍，调配好各种资源要素，形成资本、人才、技术、信息等要素顺畅流通，融合发展新局面。另一方面：当前，我国经济已由高速增长阶段转向高质量发展阶段，农村一二三产业路径更加明晰。因此，需要大力培育新型农业经营主体，构建更加完善的现代农村产业体系、生产体系、经营体系，实现农村产业优质

高效发展。

纵观这几年的发展历史，我国在加速工业化、推进城镇化和城乡一体化的进程中，引发出"三农"问题。从此，农村社会呈现空心化、贫富差距、留守儿童、土地抛荒、土地碎片化等一系列问题。针对这些问题，政府及时制定农业农村支持保护的新政策与新路径。2017 年 6 月 1 日，新华社授权播发中共中央办公厅、国务院办公厅《关于加快构建政策体系培育新型农业经营主体的意见》，《意见》提出："加快形成以农户家庭经营为基础，合作与联合为纽带，社会化服务为支撑的立体式复合型现代农业经营体系。"2018 年中央 1 号文件"大力开发农业多种功能，构建农村一二三产业融合发展体系，多渠道增加农民收入，促进农村一二三产业融合发展的要求，并提出乡村振兴战略方案"。随着"互联网＋"农业、共享农庄、智慧旅游、新集体经济合作社等新产业、新业态不断涌现，释放农村活力，改造提升农业农村传统动能，为乡村振兴注入新动能。

以新集体经济为例。改革开放前，我国农村最大的问题是解决农民的温饱问题，土地实行集体所有、集体耕种，全面走上集体化道路。改革开放后，党中央全面把握国内外发展大局，尊重农民首创精神，率先在农村发起改革，推行土地家庭联产承包责任制，以磅礴之势推向全国，解决 9 亿农民的温饱问题，并逐渐走上小康之路。经过四十多年的发展，单独小农户经营"一亩三分承包田"受到严峻挑战，农业新型现代化推进十分困难。如今中国全面进入新时代，习近平总书记在中央农村工作会议上发表重要讲话时曾强调："坚持农村土地农民集体所有，这是坚持农村基本经营制度的'魂'。"这一精神对于"坚持和完善农村基本经营制度"具有重大现实意义。新时代以新集体经济为主体的社会主义乡村新社区，实现土地合作与联合，其经营主体是村集体经济合作社。他们在尊重农民意愿前提下，集中经营农户承包的土地，进行重新规划、合理经营，实行新农业合作化的转型，确保广大农户最佳的收益权。习近平总书记在党的十九大报告中也指出："保持土地承包关系稳定并长久不变，第二轮土地承包到期后再延长三十年。"通过政策的引导和支持，有利于壮大集体经济实现强村富民和共同富裕的目标。

二、乡村文化与美丽乡村建设

乡村文化作为美丽乡村建设的"软实力"，对村民个体、群体以及整个乡村社会等不同层面起着不同的作用。乡村文化不仅可以丰富和提高村民的精神文化生活，还有助于乡村形成以和为真、以和为善、以和为美的社会风气，同时又具有重要的经济价值，是长久的文化资源和文化资本，可以作为生产力的重要因素。因此，在乡村振兴战略的实施过程中应培育文明乡风，注重环境的美化，同时要加强对中华民族优秀乡村文化的挖掘和阐发，使其最基本的最接地气的文化基因与当代文化相适应，与现代社会相协调，推动乡村文化的创造性转化、创新性发展，为美丽乡村建设激活其生命活力。

（一）文明乡风培育保护乡村优秀文化

当前我国个别乡村地区环境污染严重、自然生态退化等乡土文化遭到破坏以及部分地区存在一些不文明的社会现象。因此需要培育文明乡风、良好家风、淳朴民风，不断提高乡村社会文明程度，它关系到亿万农民的生存与发展，关乎乡村的"根"，民族的"魂"。

党的十九大报告指出："建设生态文明是中华民族永续发展的千年大计。必须树立和践行绿水青山就是金山银山的理念，像对待生命一样对待生态环境。"一方面，强力推进乡村环境综合整治，以问题为导向，彻底清除乡村"脏乱差"。在全面提升乡村发展整体水平、推进乡村全面振兴的过程中，必须强化主体责任落实，分工明确，将责任落实到每个人的身上，不留给某些负责人推卸责任的机会；必须强化重点部位监督，坚持监察不中断，标准不降低，彻底解决农村"脏乱差"问题，形成道路绿树成荫、水源碧波清澈、游客休闲兴致的良好的乡村风貌。

　　另一方面，近年来，我国农村的各项事业不断地提升与完善，农村社会焕发新气象。但也应看到农村一些地方不良社会风气盛行，例如天价彩礼不断攀升；人情礼金名目繁多、层层加码；打牌赌博、封建迷信等歪风蔓延。但其实，乡村文化也蕴含其独特而不可替代的价值，其核心与精髓中仍然存在着建设美丽乡村需要的精神价值和理念。如在乡村文化中，既有"天人合一"的自然主义情结，也有"趋福避祸"的民间信仰；既有"乌鸦反哺，羔羊跪乳"的慈孝道德观，也有"出入相友，守望相助，疾病相扶"的良善交往原则。因此，净化乡村风气，就应正本清源，以社会主义核心价值观为引领，保护乡村优秀的传统文化。保护和传承优秀文化需要将传统文化元素与现代时尚的文化符号相融合。例如，可以采集标本，建设乡村文化博物馆予以保护。博物馆、展览馆的展品可以让人了解和回忆过去的乡村岁月，重塑乡村文化主体的文化认同。乡村传统文化还可以通过文化生态区域性保护，主要是在某一特定区域，不改变当地生产生活环境，进行原汁原味的特色文化保护。此外，还可以把传统文化纳入现代文化产业链中进行加工、销售以实现保护。

（二）发展乡村特色文化产业

　　乡村文化是乡村经济发展的内驱力，挖掘乡村文化资源使之转化为物质生产力，不仅满足了村民的精神文化需求，而且有助于推动乡村经济的发展。通过建设乡村文化载体，整合乡村文化资源，发展注入乡村旅游、特色小镇、生态文明村、观光农业等，做到发挥特色与经济效益提高相结合，使经济与文化相互支撑，形成共赢共生的格局。

　　我国乡村数量众多、历史悠久，乡村不同的文化源流、生存环境、行为方式、心理状态决定了乡村现代文化产业的方式、途径与走向的差别。例如，重庆市南山风景区内的南山街道放牛坪，原来是南山深处一片僻静的乡村，后来经过精心打造建成一座具有 13 个房间文化风韵独特的民宿院落，推进特色民宿与农业休闲观光融合发展，为美丽乡村建设提供新途径；广东省云浮市龙山塘村凭借"禅文化"优势，打造六祖禅宗文化特色小镇，以禅文化带动旅游业，创建创新型禅文化产业发展体系，形成了新风古韵并存的示范村；浙江省杭州市余杭区中泰街道是全国著名的竹笛之乡，近年来，余杭区中泰街道通过美丽乡村精品村建设，打造竹笛产业园和竹笛演奏馆，同时还举办竹笛夏令营、竹笛文化艺术交流活动等，走出一条凝聚竹笛特色生产、乡村旅游、文化创意的乡村振兴之路。可见乡村特色文化产业的发展势不可挡，对于促进乡村文化繁荣发展具有时代意义。

三、强化乡村振兴的人才支撑

习近平总书记强调："要推动乡村人才振兴，把人力资本开发放在首要位置。"人才是第一资源，也是乡村振兴的关键。因此，要重视乡村人才的培养和引进，保持人才队伍的活力和效用，取得最佳的乡村复兴绩效。

（一）大力培育新型职业农民

农民作为农业生产主体，乡村振兴的主力军。新型职业农民概念的提出，意味着"农民"身份向职业化转变，这对于农民的文化素质、技术能力和思想道德水平提升表现出更高的层次与标准。因此需要培养更多爱农业、懂技术、善经营的新型职业农民，才能保证乡村振兴战略的实施效果。

新型职业农民的培育对策其一要坚持精细培训与精准培育相结合；其二要坚持继续教育与跟踪服务相结合；其三要坚持立足产业与农民增收相结合。例如河北省新型职业农民培养工作根据农业生产周期和农民学习的规律特点安排培训课程，积极探索"公司基地养殖户"、"学校合作社农户"的培训模式，推进空中课堂、固定课堂、流动课堂、田间课堂一体化建设，并开展教学培训和后续跟踪服务，提高培训质量和效果。

新型职业农民是农业科技成果的承载者和使用者，是推动现代农业建设的力量源泉。新时期，我们要把乡村振兴战略的丰富内涵融入新型职业农民培育工作中，不断探索培育新型职业农民的新机制和新举措，为乡村转型提供有力的人才支撑。

（二）搭建人才回流平台

近年来，随着我国农村青壮年劳动力不断向城镇转移，留在农村务农的年轻人较少，农业生产人员老龄化，后继乏人的问题日益严重。诚然，人才的外流并不一定必然会带来乡村的衰退，对于我国而言，进入工业化中期以后，工业补贴农业，城市反哺农村。随着农村要素禀赋变化及工业剩余的不断投入，城市的资本和要素也需要投向农业和农村，为其发展寻求新机遇。农业农村产业升级、功能转变，与城市形成相互补充、相互促进的平等发展关系，由此产生逆城镇化现象和大量城归族的出现。政府应主动抓住和利用工业化到达中期以后，城镇人口超过农村人口带来的"窗口期"，采取如下措施做好人才回流工作：

第一，鼓励外出能人返乡创业。乡村要振兴，需要让曾经"走出去"的人才走回来，把他们在城市里积累的管理经验以及技术带回本土，造福乡梓。因此，需要政府建立常态化的人才吸纳机制和制度化的参与机制，例如打造乡村创业孵化园，开设创业培训课，大力发展乡镇企业等，营造良好的乡村创业生态环境，吸引各类人才返乡创业，为乡村振兴提供内生动力。同时要加强与在外"能人"的联系与沟通，积极宣传家乡的发展变化和潜在优势。对于那些返乡创业、带领群众致富奔小康的"能人"典型，加大宣传力度，引导更多的"能人"回到家乡干事创业，积极投身到乡村振兴的大潮中。要创造返乡创业的社会环境，让返乡创业者有自豪感，为优秀人才提供更多荣誉，让务农成为有体面的职业，确保乡村本土人才回得来、留得住。

第二，鼓励大学生扎根基层。青年大学生群体正是当前国家发展最为重要的力量，乡村振兴呼唤人才的入驻。农村地区有广阔的发展空间，扎根农村对于高校毕业生来讲是一种责任，更是一项伟大的事业。习近平总书记在十九大报告中指出，青年兴则国家兴，青年强则国家强。青年一代有理想、有本领、有担当，国家就有前途，民族就有希望。为促进与鼓励大学生扎根基层，助力乡村振兴，日前，教育部和人力资源社会保障部就做好大学生就业创业工作印发通知，要求拓宽毕业生基层就业渠道，引导大学生到基层就业，一些地区积极响应国家政策并且出台相应保障措施。例如云南省处于艰苦边远地区发展面临人才匮乏的难题，以国家政策为依托，在2017年出台新规将实施高校毕业生创业培训年度计划；完善基层职称评审制度和高校毕业生赴基层就业学费代偿政策；加强薪酬待遇、社会保险、迁移户口、就业权益等保障。总之，乡村振兴战略打开一扇门，通过这扇门使农村基层就业和创业经历的青年大学生更易获得成长和长才的机会；乡村振兴战略更是一个平台，为青年大学生走向成功铺垫一条康庄大道。

综上所述，乡村振兴战略是习近平总书记"三农"思想的集中体现，是习近平新时代中国特色社会主义思想的一个重要组成部分。把"乡村振兴"作为一个"战略"提出来，体现的是一个宏观的、系统的、综合性的、全局性的发展方略。习近平总书记强调："中国要强，农业必须强；中国要美，农村必须美；中国要富，农民必须富。""任何时候都不能忽视农业、不能忘记农民、不能淡漠农村。"因此乡村振兴的战略转型可以为重振乡村带来新的经济增长点，为农民增收、消除贫困，推动乡村生活富裕带来新途径。通过顶层设计、科学规划、合理布局，最终建成"看得见山、望得见水、记得住乡愁、留得住人"的美丽乡村、美丽中国。

第六节　乡村振兴战略推进之理性审视

农业、农村、农民问题是直接关系到我国国计民生的根本性问题，党和国家要始终把解决好"三农"问题作为全党和全国工作重中之重来着力抓好，党的十九大第一次将乡村振兴作为战略提出，并随后在中央农村工作会议上制定了具体的路径，这是实现中华民族伟大振兴的重要内容。乡村是我国最基本的治理单元，在我国经济社会发展中发挥着基础性作用。

改革开放以来，我国乡村在生产生活方式、人口流动、社会结构和农民的思想观念、法治意识等方面发生了广泛而深刻的变革，逐步由相对封闭的静态转型为开放的动态，传统的乡村治理模式越来越难以适应新时代不断变化的要求。《中共中央国务院关于实施乡村振兴战略的意见》指出，实施乡村振兴战略，是党的十九大做出的重大决策部署，是决胜全面建成小康社会、全面建设社会主义现代化国家的重大历史任务，是新时代"三农"工作的总抓手。

一、乡村振兴战略推进概述

对于乡村振兴问题的研究，可以追溯到乡村发展、新农村建设和美丽乡村建设的有关文献。自党的十九大提出实施乡村振兴战略以来，国内关于乡村振兴的文献日益丰富，主要集中于如下主题和研究方向。

（一）乡村振兴战略现有研究成果概述及思考

目前学者已经就乡村振兴战略与中国社会主要矛盾的关系、乡村振兴战略中的发展问题、发展中可能出现的偏差、战略路径等方面对乡村发展进行了一定的探索，为新时代乡村振兴战略提供了一定理论研究基础和实证分析借鉴。

1.乡村发展与社会主要矛盾关系相关研究

我国是传统的以农为主的国家，从古至今均对乡村发展较为重视，特别是党的十八大以来，党中央更加的注重乡村振兴发展。习近平总书记在党的十九大报告中指出："中国社会主要矛盾已经发生转变。"现农业农村部长韩长赋早在 2017 就提出了："我国在当前发展中最大的不平衡不充分发展就是农村发展不平衡不充分。"对于解决措施也有学者提出了自己的观点，如刘合光就提出了："乡村振兴战略是解决中国社会主要矛盾的重大举措"。但关于对人民群众特别是广大农民对美好生活的需要方面深入研究的还不太多。CNKI 以"农民对美好生活的需要"为关键词进行搜索，发现仅有四篇报纸文章，还有待进一步深入研究。

（二）乡村振兴中的发展问题

对于乡村振兴战略国如何发展、怎么发展方面的问题，是学界关注的重点。学者高兴明就提出："乡村振兴中关于农村基础设施、农村产业部署了十大战略重点"。马晓河剖析了我国农业农村基础设施建设面临的环境条件。学者徐勇也提出了农村发展中的低水平均衡状态要打破等。这些观点对于新时代乡村振兴在战略方面的研究提供了一定的参考，但要成功地实施却需进一步的研究，以便更好地发现和解决乡村振兴中的发展问题。

（三）乡村振兴发展中可能出现的偏差

对于如何理解乡村振兴发展中出现的偏差等方面的问题，很多学者都进行了细致的研究分析，也提出了一系列对策建议，如徐勇就提出了：在普遍的新农村建设发展热潮中尤其需要冷静的理性思考，必须在深刻吸取已有教训基础上展开预警性分析，防范潜在的风险。肖琴等学者也提出了要注重建设中的理性思考，注重预防，克服潜在风险。郭晓鸣提出了在乡村振兴中如果没有选择好方法路径会入歧途。这些分析较全面，对于新时代成功开展乡村振兴研究、防止风险出现有一定的借鉴，但我们在研究中一定要注意借鉴古今中外的经验、在防范风险等方面继续深入进行挖掘。

（四）乡村振兴发展战略性路径

党的十九大提出了乡村振兴战略。很多学者对战略性进行了研究。如郭晓鸣就提出了我国实施乡村振兴的路径包括基本动力、支撑、手段和指向等。袁梦醒关于农村土地制度和户籍制度的改革方面需要加强。尹成杰提出了：改善城乡关系，发挥城市现代文明发动机的核心作用，辐射带动农村发展。一些学者同时就国际乡村发展提出了一些研究借鉴，但总体还略显不足，需要纵深方向的研究，特别是要注重发展中不能脱离我国仍处于社会主义初级阶段的实际，要多方面广角度的进入研究，为发展提出理论参考。

　　总之，对于乡村振兴研究，许多学者都进行了深入的思考，也提出了一系列观点，但由于理论、实践等多方面的原因，要结合新时代的实际需要，继续深入研究。在研究中特别要注重在前人研究的基础上进一步拓展，比如乡村振兴战略的现实性、关键点、如何在新时代进一步推进发展等方面就需要进行相应的研究。

（二）乡村振兴战略推行中存在的现实问题

1. 城市化进程中的乡村衰落现象不容忽视

　　一是农村人口结构失衡。随着工业化、城市化的进程加快，第二、三产业迅速发展，持续数十年，大量农村劳动力涌入城市，形成了乡村普遍出现老龄化、空心化现象。进入 21 世纪以来，我国人口城市化步伐加快，城市人口数量呈不断上升趋势，农村人口数量迅速衰减。据国家统计局统计，2016 年我国城市常住人口 79 298 万人，农村常住人口 58 973 万人，城市人口占总人口比重（城市化率）为 57.35%。与 2010 年第六次全国人口普查结果相比，城市常住人口增加 12 320 万人，农村常住人口减少 8 140 万人，城市人口比重上升 7.4 个百分点。其中，这些大量流出农村进入城市的人口集中在青壮年，他们为了追求更好的生活方式，提高收入水平，选择到城市打拼。然而，由于大量青壮年劳动力进城务工，乡村人口的年龄结构、性别结构出现严重失衡，留守在乡村的大多数是老人、妇女、儿童，影响了农业和农村现代化的推进。从农村人口年龄结构看，15—64 岁的青壮年是我国农村总人口主要成分，占 71%；0—14 岁儿童占 19%；65 岁以上老人占 10%。但是，农村青壮年人口流失严重，农村人口转移的另一个典型特征是，众多历代务农的农家子女更倾向于"跳农门"。这群农村青壮年主力军选择离开家乡到大城市闯荡，他们离土、出村、不愿意回村，加剧了农村的衰落。

　　二是农村产业发展滞后。从农村的产业结构看，我国农村第一产业的主要问题是生产效率不高，尤其是贫困地区，仍在使用传统落后的生产方式；农村第二产业生产工艺落后；农村第三产业发展更为滞后。总体而言，现代乡村产业体系尚未形成。我国虽然自古以来是农业大国，但不是农业强国，在国际上，仍属于农业初等发达国家。在世界排名中，我国综合农业现代化排名仅处于第65名，与势头强劲的现代化浪潮并不匹配。以家庭为单位的小规模农业经营模式制约了农业中现代要素的投入，因而农业的生产能力弱、生产效率低，一些主要农产品结构性矛盾突出，且阶段性浮现，导致农产品国际竞争力不强，与国际水平相差较大。尤其是近些年来，由于我国农业综合效益不高，海外主要农产品国家连年丰产，国内大宗农产品价格高于国际市场价格，使得我国的农业承受着很大的压力。中国农业现代化当前面临很多新旧矛盾，由于农业生产风险大、收益低，加之大量青壮年劳动力进城打工，不具劳动能力的老人、孩子留守家中，一方面导致了大量农村土地闲置、耕地撂荒，造成了农村土地资源严重浪费，另一方面，农业产业化程度较低，农村产业结构单调，农民难以实现收入增加。

　　三是农村教育问题突出。大量的事实表明，青壮年劳动力离开农村后，大多老人、妇女、儿童留守家中，在有些地区，如果不是逢年过节，平时整个村庄难以看到一两个青壮年。由于父母远离家乡进城务工，大量留守儿童的教育成为多数农村家庭的一大难题。据调查，农村留守儿童意外伤害发生频繁，普遍学习兴趣不足、学习成绩较差，心理健康问题比较突出。这些现象如不加以重视，未来可能带来严重的社会问题。此外，20世纪末实施撤乡并镇和精简乡镇机构，将小乡并入大镇、弱乡并入强镇。该政策在一定程度上精简了基层政府的工作人员，减少了财政负担。然而，这一举措也带来了一系列不利的后果。以农村义务教育为例，撤乡并镇后，乡村学校普遍实行了撤并，许多原有的中小学校设施遭到废弃和破坏。进入21世纪以来，我国农村小学数量急剧下降，而同年，城镇小学数量明显增加。政府对乡村学校进行撤并，给农村教育造成了一系列影响，有的地区农村学校分布密度过疏，使得低年级学生上学的距离过于遥远，既增加了家长的负担，又加大了安全隐患，迫使部分家长选择将孩子送往离家较远的寄宿学校或者选择离家较近但学费相对昂贵的民办学校，这对孩子成长中的关心和关爱造成了极大的缺失。

四是乡村传统文化的衰落较严重。乡村文化是我国乡村共同体内的一个"精神家园"，其最大特质就是自然和淳朴的文化品格，其蕴含的静谧是可谓之历代人们的精神原点。乡村是一个天然共同体，在这个共同体内，基于人与人、人与自然、人与社会的长期互动和相互统一形成了独特的乡村文化，并规范着人、自然与社会的基本关系结构，维系着人们正常的生产秩序和生活秩序。随着改革开放和工业化、城镇化、市场化的发展，一方面给乡村带来了富裕和先进，另一方面也对传统的乡村文化的价值进行解构，带来了深刻的文化冲突。随着大量人口的流出，尤其传统生产生活方式的转变，使得乡村传统文化的凋敝越来越严重。一方面，大量人口的外出，使得传统的节庆、风俗、饮食、手艺等失去了传承的土壤；另一方面是，在利益至上的原则支配下，很多乡村文化出现了异化，过去那种建构在熟人关系上的亲切与温情瓦解了，取而代之的是功利主义的滥觞。

五是存在乡村社会治理隐患。现阶段我国快速的城市化进程，客观上加大了农村地区社会治理的难度：大量农村人口外出打工后，形成庞大的农村留守群体；家庭成员的分居对农村传统稳定的婚姻家庭结构造成了巨大的冲击；乡村公共生活缺乏活力；土地征用、拆迁等利益冲突和突发事件频发等。在客观上，这些影响对农村社会治理形成了新的困扰和挑战：大量劳动力出外打工使农村社区建设缺乏必要的主体；撤村并点等农村社区调整使村民缺乏社区认同；基层政府和村委会开展乡村治理所需的经费支撑能力不足。

六是农村生态环境问题堪忧。农村生态环境问题，日益成为需要关注的问题。农村环境污染源不仅来自生活垃圾和工业生产排放，还有农民在农牧业生产中的农业污染，例如养殖户滥用激素和抗生素、种植业过量使用化肥、农药和除草剂，造成水体和土壤中有毒药物和重金属含量超标；非法转基因作物在农村不时突破监管；政府对农村环境治理力度不够。据2014年环境保护部和国土资源部联合发布的全国土壤污染状况调查公报，全国土壤总超标率16.1%，耕地超标率为19.4%。农村环境污染不仅污染空气、地表水，还会危及地下水、土壤以及农作物的基因安全。农村生态环境问题对空气、水、土壤、人体健康以及农业和农村可持续发展带来的危害非常显著，由此引发的农村群体性事件也正在逐年增多。

2. 城市化进程中乡村衰落成因剖析

工业化、城市化过程会导致农村人口下降，许多乡村社区因此消失，这是几乎所有现代化的国家都经历过的阶段。在我国快速城市化的进程中，乡村衰落现象也不例外。但其成因却是多方面的。

一是国家发展战略选择。从工业化发展战略的历史选择看，农业、农村、农民问题存在的根本原因在于国家工业化发展战略重点、排序和资源配置导向侧重于重工业和城市，从而导致国民收入再分配不利于"三农"发展。新中国成立初期，尽管我国城乡存在差别，但是在整体低水平的条件下，城乡矛盾并不十分突出。新中国成立后，政府获得了极强的社会整合能力，能够有效地动员和利用全社会各种资源的能力与力量，制定新的经济发展和社会变革的宏伟纲领，如20世纪50年代中期的"一化三改造"、60年代的"四个现代化"、80年代的"翻两番"，其中，特别强调的是国家工业化目标。在推进国家工业化的过程中，原始的中国工业资本存量少，现代基础设施存量不足，国家不得不选择以"统购统销"为特征的、以牺牲农民利益来积累国家工业化资金的道路。

二是市场经济机制。20世纪80年代，农村掀起的"联产承包责任制"改革和乡镇企业发展浪潮，一度使我国农村到处呈现欣欣向荣的气息。但是，好景不长。随着我国城市综合改革和市场经济体制的逐步建立，全社会的资本和资源逐步按照市场经济的原则向投资机会更多、利润率更高的二三产业和城市集聚，大量的农村资源和资本通过各种渠道流出乡村，而流向乡村的资源和资本极少乃至枯竭。另外，由于农产品多数属于基本生活必需品，需求收入弹性小，随着收入水平的提高和恩格尔系数的下降，消费者对农产品的直接消费量不可能有很大的增长，这就决定了农产品大幅度价格提升的可能性不大，农业生产者收入难以较快提高。

三是农业和农村尚未融入现代产业体系。现代产业体系是以现代科学技术的广泛应用为基础，以科技含量高、附加值高、资源消耗低、环境污染少为特征，包括现代农业、新型工业、现代服务业相互融合和协调发展的产业体系。长期以来，我国农业的基本特点是人多地少、耕作地块细碎、靠天吃饭、传统要素投入大，从事农业投资的风险大、收益率低，农业现代化发展不足，尚未完全建立现代产业体系。因此，经济发展需要转变到更加注重质量效益、更加注重结构优化、更加注重全面协调可持续发展；需要转变农业发展方式，强化农业技术创新，大力发展高效、优质、生态、品牌农业，千方百计延长农业产业链，增加农民收入，提升农业发展优势，推进农业现代化。

"三农"问题相互交织、突破很难。在历史形成的二元经济社会结构中，国家在发展战略方面过分重视工业和城市，二、三产业不断发展，城市居民收入提高较快，而农业、农村、农民的发展相对滞后。"三农"问题实际上是一个从事行业、居住地域和主体身份三位一体的问题，并且这三者相互交织、相互制约，短期内难以找到突破口。尽管多年来从中央到地方，各级政府采取了多种举措使我国农村取得很大发展，但在其发展的背后还存在着一些潜伏性危机，如果不及时应对，有可能引起整个社会的振荡。

归根结底，我国乡村的衰落现象，既是市场经济运行的结果，也是历史积淀的问题，还有国家在某些阶段发展战略方面过分偏重工业和城市的结果。

二、新时代实施乡村振兴战略的现实性

新时代，实施乡村振兴战略是党的十九大提出的重要战略之一，这对于决胜全面小康，使广大人民群众对生活的向往更进一步，这也是实现中

华民族伟大复兴中国梦的重要内容之一。

（一）解决长期困扰的"三农"问题

我国历史上是一个农业国。新中国成立以前，我们党探索了"农村包围城市，最后夺取城市"的道路，农村和农民为中国革命的胜利做出了很多牺牲；新中国成立初期，工业部门借助"工农产品剪刀差"的形式积累资金，农业、农村和农民为我国现代工业体系的建立做出了巨大贡献。但是长期以来，我国城乡二元结构问题突出。与城市相比，农村发展滞后、农业基础不稳、农民收入较低。随着改革开放和工业化、城市化的推进，大量农村青壮年劳动力逐年向城市转移，"空巢老人""空心村"的现象有增无减，农村老龄化严重，乡村凋敝的现象逐步显现。

进入新世纪以来，我国经济社会发展进入加速转型阶段，城市与乡村之间、工业与农业之间、市民与农民之间，发展差距呈现扩大趋势。从2004年开始，中央一号文件一直重点关注"三农"问题，体现了党中央对农业、农村、农民的高度重视，也凸显了"三农"问题在我国"重中之重"的地位。近年来，中央出台一系列惠农、富农、强农的政策，促进了粮食生产连获丰收、农民收入不断增加、农村民生不断改善。党的十七大提出，"统筹城乡发展，推进社会主义新农村建设……要加强农业基础地位，走中国特色农业现代化道路，建立以工促农、以城带乡长效机制，形成城乡经济社会发展一体化新格局"。党的十八大报告提出，"城乡发展一体化是解决'三农'问题的根本途径。要加大统筹城乡发展力度，增强农村发展活力，逐步缩小城乡差距，促进城乡共同繁荣。坚持工业反哺农业、城市支持农村和多予少取放活方针，加大强农惠农富农政策力度，让广大农民平等参与现代化进程、共同分享现代化成果"。党的十九大报告首次将乡村振兴作为战略提出。但迄今为止，"三农"长足发展问题没有彻底有效解决，仍然成为制约我国经济社会发展的重要因素。所以实施乡村振兴是解决此问题的重要战略。

（二）"中国梦"的实现需要乡村振兴

2012 年 11 月，习近平总书记在参观"复兴之路"展览时首次提出"中国梦"。他指出，实现中华民族伟大复兴，就是中华民族近代以来最伟大的梦想。这一执政理念，既饱含着对中国国情和历史的深刻洞悉，又彰显了全国各族人民的共同愿望和宏伟愿景。"中国梦"的核心目标概括为"两个一百年"目标，即"到中国共产党成立 100 周年和中华人民共和国成立 100 周年时，逐步并最终顺利实现中华民族的伟大复兴，具体表现是国家富强、民族振兴、人民幸福、社会和谐"。"中国梦"是中华民族的梦想，也是每个中国人的梦想；既是城市市民的梦想，也是广大农民的梦想；既包括城市的现代化，也包括农村的现代化；既需要工业、服务业等二三产业的发展，也需要第一产业农业的发展。我国是一个农业大国，在中国五千年的悠久历史中，农民一直占据着重要的、不可忽略的地位，大量的农村人口时刻提醒我们，要实现社会主义共同理想，复兴中华民族，就不容忽视农业、农村、农民问题，只有六亿多农民实现了富裕昌盛的梦想，全体中国人民的"中国梦"才能实现。如果没有农业、农村、农民的发展和富裕，"中国梦"就是残缺的；缺少乡村振兴的"中国梦"是不完整的。

三、新时代乡村振兴战略推进中的若干思考

人民日益增长的美好生活需要和不平衡不充分的发展之间的矛盾已经成为我国社会当前和未来一段时期的主要矛盾。我们要实现中华民族的伟大复兴，实现社会主义初级阶段的发展目标，就要消除不平衡不充分的发展带来的问题，补足短板，统筹兼顾。党的十九大报告中明确提出了，我国要乘势而上，开启全面建设社会主义现代化强国的新征程，须实施乡村振兴战略，强调"农业农村优先发展"，把农业农村的发展摆到国家战略的位置进行决策部署。乡村振兴战略是解决我国新时代主要矛盾的重大举措，是弥补我国发展短板的重要抓手，是我们党在新时代建设现代化强国的重大战略构想，更是中国共产党和国家新时代下亟待解决的难题。

（一）新时代乡村振兴战略推进的路径

1. 通过机制创新路径实现乡村振兴

体制和机制问题是社会发展是否具有活力的总开关，只有有了活的机制和顺的体制，乡村社会才会更加活力涌现，乡村振兴等各项事业也才能够更加蓬勃发展。要进一步全面深化农村的改革，就一定要做到把市场全面激活，主体、要素也要进一步释放，使各种渠道进一步打通，广大人民群众能够最大限度地共享发展的成果和红利，这是实现乡村振兴的必备条件。其一就是要对农村的基本经营事项进一步完善和巩固，对土地制度改革要进一步深化，农民承包地的新"三权分置"制度要进一步完善，当然要一定保持土地承包关系长期不变，新的承包期到后再延长 30 年，农民安心，农村稳定，农村的持续发展劲头足。其二就是要进一步深化农村产权制度的改革，使广大农民的财产权得到切实保障，使集体经济得到壮大。其三就是要在农村适度规模经营且要形式多样，新型农业的经营主体要大力进行培育，农村社会服务体系进一步建立和健全，使现代农业在农村进一步得到拓展。其四就是要制定合适的政策，使农民能够积极返乡创业，使农村发展的新动能得到进一步激活。

2. 通过产业发展路径实现乡村振兴

乡村振兴问题归根结底就是发展方面的问题，产业兴旺是乡村振兴的根本。各个乡村在实施乡村振兴战略时应该学会因地制宜、因时制宜，不可盲目照搬别的地区的经验教训。首先要依据乡村独有的资源优势、区位优势以及在发展过程中所积累的其他比较优势，进一步确定有自己特色且适合本地的主导产业，形成能够充分利用自身资源并符合市场需要的产业结构，着重发展特色产业。其次是注重一、二、三产业的比重和融合，要充分挖掘和拓展农业的多维功能，促进部分农村文化旅游产业的深度发展，依靠第三产业反哺农业，促进地区产业的动态平衡，大力发展加工和服务业。再次是完善农业支持保护制度，调整农业补贴方式，提高补贴效能。

3. 通过科技创新路径高效振兴乡村

现代化建设离不开科学技术的支撑。发挥科技引领作用，可以实现农村发展的弯道超车效应，迅速提高乡村发展水平，缩小城乡差距。一是整合公共力量，不断加大对农村的资金、技术扶持力度，帮助乡村振兴，提高农业基础设施的科技含量，完善农业科技体系，依靠科技创新，提高农业农村发展水平。二是整合民间力量，准许和支持多元经济对农村科技的投入，扩大农村科技发展资金规模，为农业发展所需科技创新提供资金支持，同时坚持以市场为基础的导向，加大科技创新成果在农村环境保护、治理以及便利农村生活方面的作用，切实提高农村科技在各个领域的应用效率和效果。三是促进互联网技术、智能化技术和物联网技术等现代技术与农业农村的生产生活生态密切融合，充分利用近年来网络科技发展带来的便利性和快捷性优势，让农民充分享受现代科技成果，利用"互联网＋"实现乡村振兴，实现乡村产业升级发展。

4. 通过人才培育路径引领乡村振兴

乡村振兴离不开热爱乡土的带头人、领路人。真正做到乡村振兴，不仅需要村干部等"关键少数"发挥好领头羊的作用，更要注重从勤劳致富的模范中、从回村建设的知识分子中、从前来本地投资的企业家中选拔出模范和先进工作者，共同为本地乡村振兴计划助力，播下星火燎原式乡村繁荣局面的种子。因而必须要做到：一要巩固建设党支部，为乡村实现良好治理打下组织基础。二要加强职业农民和新型农业经营主体培训，帮助村民提高职业竞争能力和职业技能，拓宽就业通道。三要激励更多优秀的城镇人才下乡创业，鼓励高级知识分子回乡创业。四要培养乡村科技信息人才队伍，促进网络科技等先进技术进乡村，促进乡村全面融入信息化浪潮，吸收现代科技成果改造传统农业和农村，依靠现代科技发展现代农业，促进农村产业融合发展。

（二）新时代乡村振兴战略推进的关键点

1. 明确战略目标，矢志不移加油实践

乡村振兴战略的目标是实现农业和农村的现代化。而农村现代化的实现会助推乡村振兴的进一步发展。在以往的农村发展过程中，农业、农村是难点，是短板，是薄弱环节，而现在乡村振兴就是要补足短板、迎难而上，提升农业现代化水平，消除这一薄弱环节。大力实施乡村振兴战略，着力加快推进农业农村现代化，这是全面建设社会主义现代化强国的根本工程。所谓的乡村振兴就是将现代化科技融入广大的农村发展，改变农村生态、生活、生存环境；要在 2025 年、2035 年和 2050 年分别实现农业农村现代化的阶段性目标。在明确目标的的前提下，推动乡村振兴战略的落实。

2. 落实总体要求，思路明晰踏实做好

党的十九大报告中提出我国新时代乡村振兴战略的总要求：产业兴旺、生态宜居、乡风文明、治理有效、生活富裕。实施这一战略将为我国农业和农村地区的发展注入更大的动力。要做到繁荣乡村产业，就意味着在加强农业建设的基础上，更加注重产业的升级和转型，促进以农促工，使得工业更发达，更有活力。建设乡村良好生态，就不仅仅是保证乡村的经济发展，而是经济与生态要协调一致。农村文明的意义就是要充分理解农村的文化价值，并将农村文明的建设从文化的角度来整合到农村建设的各个方面。而治理有效，更是将乡村振兴的目的明确，治理、振兴要看到实际效果，不是喊喊口号、开开大会，要将政策落到实处，要增加人民的收入，提生活水平，在过去物质繁荣的基础上促进村民精神富裕起来。把振兴当地乡村的事业脚踏实地地干出来。

3. 抓住关键要素，突破瓶颈高效促进

新时代实施乡村振兴战略，就一定要抓住"人""地""钱"这三大要素。就"人"而言，人是乡村振兴中的第一要素。农村经济和社会发展关键就在于人。当前有些国家正面临人口损失和人口流动的损失，将退出高速发展的历史时期。一个具有发展前景的国家，一个有进一步发展的生态基础和产业基础的地方，需要进一步聚集人气，进一步培养农业农村工作和新职业农民，不断促进行业繁荣，抓好农村治理，促进当地风俗文明，促进城乡居民追求和享受现代生活的富裕文明。从"地"上说，是巩固和完善农村基本经营制度，深化农村土地制度改革，实施承包土地，实现了农村土地、工业和科技有效匹配，提高农村"地"的效率和有效性。从"钱"的角度，鼓励公共财政和社会资源的发展。一方面，根据坚持优先发展农业的原则，公共资源配置优先向"三农"倾斜，增加财政支持农业、农村发展和农民的补贴，改善农村公共服务供给水平和效率；另一方面，政府创造一切条件，帮助和鼓励社会资本向农村流动，促进农村工业和产业的发展，提高农村现代化水平和技术水平，提供更多就业机会，增加农民收入，促进城乡一体化发展程度。

4. 聚焦关键难题，有的放矢精准着力

新时代要振兴乡村，必须继续推进农业供给侧结构性改革，加强农村转型升级，去库存，重生产，加快农业供给的科学化水平，提升农业整体质量，提升效率，增强农业竞争力。在提升农村获得感的同时注重留村农民的生存发展空间，帮助提升生存管理能力，提升可支配收入和外流农民的市民化进程，为农民在城市定居创造条件，通过减少农民的数量来改善富裕农民的繁荣。针对农村问题，通过资源的整体配置，加强和提高农村的自我发展能力。在本地具有基本资源切合本地发展实际的前提下，农村就可以自我发展，其关键就是要能够组建起一支具有较强战斗力的核心干部队伍。通过"三农"工作队等，积极领导广大农民经营农业，建设农村，进一步在农村实现繁荣、美丽、文明、和谐、繁荣的良好新局面。建立健全管理制度和政策体系。一方面，坚持历史唯物主义，坚持不懈地稳步推进城市化进程，促进农村剩余劳动力向城市转化；另一方面，优先发展农业和农村地区，把工业技术和城市生活的力量传播到农村，提高农村发展水平，增加农村人民群众的获得感。

5. 不断深化农村改革，全面建成小康社会

一是深化农村土地制度改革。对农民集体所有的土地、林地、房屋、建设用地等资产所有权进行确认并颁发证书；探索"三权分置"多种实现形式，真正让农户的承包权稳下去，经营权活起来；二是深化农村集体产权制度改革。抓好农村集体资产的清产核资，摸清、摸准家底，盘活农村

集体资产,提高农村各类资源要素的配置和利用效果;三是推进农村"三变"(资源变资产、资金变股金、农民变股东)改革。探索实施"三变"促"三增"(产业增效、农民增收、生态增值)改革,推行"四确五定"(确的定股东、确权定资产、确股定归属、确管定经营、平台定市场)的村级股份经济合作社改革路径,推动农业产业化发展。

党的十九大报告将"农业现代化"扩展为"农村农业现代化",要求新农业新农村建设齐头并进。在加强乡村生态环境建设的同时,通过打造特色生态古镇古村落,以村寨为集体建设乡村特色小镇,有助于乡村振兴战略的实施,加快农村现代化建设。特色生态古镇古村落的建立能够在保留乡村原有优美环境、历史背景、风俗习惯、人文价值的前提下,留下美丽、留住乡愁,将生态环境建设与旅游产业相结合,为美丽新农村的建设提供更广阔的发展空间。

党的十九大报告将"乡村振兴战略"纳入决胜全面建成小康社会、开启全面建设社会主义现代化国家新征程的"七大战略"中进行部署,体现了党中央对农业农村现代化建设的高度重视和对广大农民的深切关怀。有关部门对多元化的乡村发展理念应加以重视,促成传统农业与新型农村产业相辅相成、共建共兴。乡村振兴的重点在于农民,我们应相信农民、依靠农民、培育农民,完善知识型、创新型农村人才培养方案,为新农民的发展提供良好的环境。中国特色社会主义新时代,乡村是一个可以大有作为的广阔天地,实施乡村振兴战略,要全面准确把握"产业兴旺、生态宜居、乡风文明、治理有效、生活富裕"的总要求,建设产业发达、人口充足、文教昌盛、治理高效、设施完备、环境优美,与城镇化相匹配的社会主义现代乡村。

第二章 乡村振兴战略下乡村旅游的基本理论

第一节 乡村振兴战略下乡村旅游发展途径

在乡村发展旅游业，对农村经济建设具有很好地推动作用，它能使农民致富，使农村产业升级，使农村更好发展。想要实施乡村振兴战略，发展乡村旅游业就是实现战略目标的最佳方式之一。本节通过全方位分析乡村旅游业发展的条件，提出发展中存在的问题，总结出发展乡村旅游产业的途径和保障措施。

乡村旅游业是以农民为经营主体，以乡村民俗文化为核心，以城市居民为主要目标客户的产业。发展乡村旅游业的目的就是带领农民致富和促进农村经济发展。十九大报告中提出，想要实现乡村振兴战略，就必须大力发展乡村旅游业，这样才能更好带动农村经济进步。

一、乡村振兴战略下发展乡村旅游业的意义

（一）推动农业技术进步

在农村开发旅游业，建设旅游景点，可以很好地扩大旅游领域，增强农村经济的发展，还可以增强农业产业项目的旅游能力。想要发展农村旅游业，就必须改变传统的农业种植种类，引进观赏类植被，引进一些先进

的科学种植技术，这样就大大增加了农村旅游业的观赏类型。

（二）提高农民收入

推进乡村振兴战略，大力开发农村旅游事业，可以把农民从劳动类型转换成服务类型，这样不仅提高了农民收入，还提高了农民的个人文化水平和生活水平。另外，发展乡村旅游产业就要开发相关旅游项目，就需要占用部分土地，农民就会得到相应补偿收益，还会有利于农民向市民转换。

（三）加快美丽乡村建设的步伐

国家大力发展新农村建设，加大了对美丽乡村的建设，大力发展旅游业，可以促进农村进行景区化建设，改善农村公共服务设施，更有利于农村对环境的保护，有利于美丽乡村的建设。

二、乡村振兴战略下乡村发展旅游业的条件

乡村旅游业想要发展，就必须解决一些现实困境，这就需要政府部门大力支持。政府需要与开发商建立良好的合作关系，配备先进旅游设备，改善乡村基础条件，还要引进专业人员，提高旅游服务水平。乡村旅游业想要发展，就必须对当地特色文化进行提炼整合，运用更多的宣传途径推广。乡村特有的文化就是技艺和民俗习惯，可以把这些都统一起来进行创新和保护，对主要的民俗文化进行推广，这样还能对中国文化进行传承，对促进乡村繁荣和推动民族地区经济社会都很现实的意义。

乡村旅游业想要发展，必须考虑产品、基础设施、人员和模式的因素，因此就必须采取五个方面的措施：创新旅游产品、提高进本设施建设、培养专业人才、统一管理模式和塑造品牌模式。这样在乡村振兴战略前提下，才能更好地发展乡村旅游业。

三、乡村振兴战略下乡村旅游业发展存在的问题

（一）对于乡村旅游建设缺乏统一规划和管理，没有树立独特品牌形象

在乡村振兴背景的影响下，乡村旅游业也取得很多成绩，不过还存在很多问题，综合起来就是没有一个完整统一的规划，基本属于分散性开发，没有统一性布局，还有旅游项目没有明确主体，这样造成的后果就是建设水平落后，重复建设严重，旅游设施和公共服务设施不足等。由于这些问题的存在，很难将乡村旅游塑造出独特的品牌形象。

（二）乡村旅游产品缺乏特色，同质化特点严重

现在大多数乡村旅游项目都很相似，处于比较低级的发展水平。旅游产品单一，普遍以农家乐和民族菜品等形式出现，农村的旅游活动多数以采摘、观赏和钓鱼为主，涉及传统农民活动中的农耕文化和民俗文化的活动很少。在旅游特色产品销售上面还是普遍的自产自销模式，这是一个很初级的状态，没有创新出具有民族文化特色，适合旅游类型的产品。

（三）在乡村旅游管理方面缺乏专业人才，旅游项目没有创新性

从乡村旅游业的发展现状看，旅游业发展不足的原因还有没有创新项目出现，一直保持老套的农村旅游项目。总体来说，还是由于专业人员极度缺乏，乡村旅游业想要健康地发展下去，对专业人才的需求量很大。不过目前的状况就是人才需求和人才培养不成正比，在专业人次培养上没有统一、专业、系统的培训机构，从业人员基本是本土人员，专业培训没有深入到农村，造成旅游从业人员素质偏低。

四、乡村振兴战略下乡村旅游业发展的途径

（一）大力发展生态化旅游

想要乡村旅游更好的发展，就必须开发更多的发展空间，而乡村文化作为旅游发展核心，更是组成中华民族文化的重要部分，这就是一个好的发展方向。因此要结合当地的自然条件和资源特色，根据市场需求，重点宣传特色文化和地理优势，创新一些丰富多彩和特色文化鲜明的旅游产品，发挥出农村特有的生态和文化资源优势。重要的是要解决交通问题，改变周围道路建设等问题，在条件符合中，加快发展生态乡村旅游文化建设。

（二）积极开发乡村休闲观光农业

利用农业景观资源和生产条件，发展观光休闲旅游的方式就是休闲农业，这是一种新型的农业生产形态，休闲农业的特点包括深度开发农业资源的潜力、改变农业发展结构、改善农业生产环境和增加农民收入。我国历史上就是一个农业大国，农村土地广阔，最具自然风光，在乡村振兴战略的推动下，可以更好地利用农村特色建立新型的旅游项目，努力发展休闲农业，让游客可以在游玩过程中集观光、采摘和体验耕作活动于一体，这样就会更加满足他们了解农民生活和更好享受乡土情趣的需求，除此之外，还需要配套建设相应的住宿和度假项目。乡村休闲就是充分利用农业生产过程、农民生活和农村生态，利用一些先进科学手段，给消费者提供全面服务。

（三）开发乡村景观农业

乡村旅游项目包括了景观农业项目，这个旅游方向的发展，体现了乡村旅游业在不断创新。这个项目主要是保存农业体验，以田园风光为基础

进行开发，设计建设出具有农村特点的景观，从而使乡村旅游更具特色。

（四）升级农产品为旅游产品服务

依据乡村振兴战略，不断增加乡村旅游的产品，打造出具有乡村特色的新业态，按照不同主题来打造乡村旅游目的地和精品旅游路线，建设具有乡村特色的民俗和养生基地，提供不同的旅游产品，增加更多新型服务。同时对农村一些珍奇农作物进行开发和创新，这样就能提高旅游的看点和观赏价值。

五、乡村振兴战略下乡村发展旅游的保障措施

（一）政府部门大力支持

在乡村旅游发展中，政府要持有大力支持的态度。在乡村振兴战略的背景下，每个地区都要保证乡村旅游能够良性地发展下去，相关部门应该结合起来，制定出相关的制度，对地区旅游业进行统一管理和统一开发。相关部门要保证对乡村旅游的用地、财政和扶持政策实施到位，对税收优惠政策进行落实和监管，放宽支持乡村旅游业的经营主体条件，对一些相关手续能简化处理。

（二）解决资金短缺问题

乡村旅游战略政策的制定是乡村旅游业发展的依据，更带来了促进乡村旅游发展的机会。但是，在乡村发展旅游业，需要投入大量的财力、物力和人力。而当下乡村旅游业存在一个现实问题，就是在资金方面的投入不足，这就需要在政府的支持下，大力招商引资，增加个人投资项目，加快农村融资，对乡村旅游建设中资金不足的问题尽快解决。

（三）加大对专业人员的培训

在乡村发展旅游业，就要认清乡村经济发展落后、基本设施不完善和缺少专业人员的现实。专业人员缺乏导致的后果是从业人员旅游服务意识欠缺，这个因素很不利于旅游业的发展，因此想要发展旅游业，就需要加大对专业人员的培训，可以利用农村本土人员进行就地培训，组建一批高素质的乡村旅游服务队伍。

在乡村振兴战略背景下发展乡村旅游业，就需要充分把乡村中的自然风光、特色文化和特色农作物结合起来，把乡村旅游内容丰富起来，尽可能的发掘可发展项目，实现乡村旅游的观光价值和文化传播价值。

第二节　乡村振兴战略下乡村旅游发展的新路向

乡村旅游与乡村振兴战略存在着耦合联动关系，乡村旅游落实乡村振兴战略，乡村振兴战略助推乡村旅游发展。自 20 世纪 80 年代以来，我国乡村旅游先后经历了从无到有、从小到大、从一元到多元、从自发到自觉、从无序到有序、从异步到同步的发展历程。本节总结了我国乡村旅游发展的三个阶段，提出新时代乡村振兴战略下乡村旅游发展需树立绿色发展理念，注重自然人文并存，坚持融合发展原则，遵循农村发展规律。

党的十九大报告明确指出，我国特色社会主义已经进入新时代，社会的主要矛盾也发生了重大改变。城乡发展失衡和农村积贫积弱的现实是决胜全面建成小康社会与实现中华民族伟大复兴的最大障碍，基于此，"乡村振兴战略"得以实施。实施乡村振兴，关键在于大力发展乡村产业，不断推动乡村生态资源向乡村经济产业转化。乡村旅游不仅是乡村振兴的关键内容，还是乡村振兴的发动机和助推器。作为乡村产业的新生形态，乡村旅游和乡村振兴战略互相兼容、相辅相成，在自然生态环境保护、农村基础设施建设、农业多种功能转换、农民就业途径拓宽、城乡要素多元流动等方面发挥着不可替代的作用，应为乡村振兴的主体产业。新时代乡村旅游唯有抓住乡村振兴战略的时代背景与政策机遇，迎势而上，主动作为，积极转型，才能更好更快地发展。

一、乡村旅游与乡村振兴战略的耦合联动

（一）乡村旅游落实乡村振兴战略

乡村旅游将乡村生态资源与各种旅游形态相结合，通过农业产业化，催生出绿色食饮、民宿游、风情文化、农家乐、洋家乐等多种旅游业态，从而带动农民进步和农村发展，从多个方面落实乡村振兴战略。一是乡村旅游有利于优化调整农村产业结构，拓宽农业功能。在乡村旅游巨大经济利益带动下，传统农业单一的种植功能的经济根基不断丧失，多种功能业态并存的现代农业逐渐形成，开发出原始部落游、假日乡村游、采摘瓜果游、垂钓鲜食游、休憩养生游、运动康健游、民俗体验游、劳作教育游、低碳体验游等多种新兴的旅游业态，改进农业的传统业态，不断推进农村产业的优化升级和结构调整。二是乡村旅游有益于打造生态宜居之所，建设美丽乡村。乡村旅游的兴起与火爆，一方面离不开绿色健康的自然生态环境和浓郁舒心的乡土人文风情，另一方面还须以完善农村基础设施和良好畅通的交通条件为依托。乡村旅游的发展不仅能激发农民保护自然地理生态环境和社会人文生态环境的积极性与主动性，还能够助推农村交通运输条件的改善和基础设施设备的健全，从而有益于美丽乡村建设。三是乡村旅游有助于延续乡土文化，培育文化乡村和文明乡民。乡土文化是乡村的灵魂，乡土文化的保护与传承是乡村振兴的重要领域与核心环节，乡村的衰落不仅表现在外在的房屋瓦舍、道路田野的颓败与荒芜，更是体现于内在的乡土文化的危机、民俗风情的消亡、传统故事的遗忘、巧人能匠的流失

等方面。乡村旅游属于市民高层次的精神消费,乡土文化作为乡村精神的集中表达与外部呈现,备受游客青睐,理应成为最宝贵的乡村旅游资源。发展乡村旅游,需要乡民增强传统乡土文化自信,主动承担起保护、传承和创新优秀乡土文化的重任。

(二)乡村振兴战略助推乡村旅游发展

根据《中共中央国务院关于实施乡村振兴战略的意见》,"乡村振兴须依托绿色生态发展理念,充分发挥旅游产业的经济效益,大力发展乡村旅游,实施乡村旅游精品工程和农业休闲观光、康健养生、民俗村落等特色项目,不断推动资源融合和产业转型升级,寻找乡村发展的新动能"。乡村振兴战略为乡村旅游发展提供了良好的发展环境和坚实的政策保障,使乡村旅游迎来了难得的发展契机。一是乡村振兴战略有助于保护健康宜居的自然生态环境,助力乡村旅游发展。相比城市,乡村最大的资源优势和宝贵财富在于自身拥有生态宜居的自然环境,这是乡村的竞争力所在,是吸引大量游客到来的必要条件,也是乡村旅游兴起、发展的基础与前提。乡村振兴战略倡导乡村绿色发展,禁止触碰生态红线和环境保护的道德底线,坚守绿水青山就是金山银山的发展理念,致力于经济发展与环境保护的协同共赢,这必将有利于保护乡村自然环境,不断优化乡村产业结构,从而进一步推动乡村旅游发展。二是乡村振兴战略有助于完善农村公共服务,切实保障乡村旅游发展。作为一种新兴的产业形态,乡村旅游产业是一项集吃、住、游、玩、行、购、摄等的综合性产业,乡村旅游的快速发展与健康运行离不开完善的基础设施、良好的公共服务、便利的交通运输、和谐的人际关系、健全的信息网络、精良的专业人员、科学的管理组织、充裕的资金保障等诸多因素。乡村振兴战略指明,要坚定不移地走中国特色社会主义乡村振兴道路,坚持农业农村优先发展,着力解决好"三农"问题,拓宽农业产业发展前景,增强农民职业吸引力,建设美丽乡村,并"通过资金投入、要素支持、人才支撑、队伍优化、公共服务完善、领导干部配备等多方保障，弥补农业农村发展短板"，从而实现乡村振兴。乡村振兴战略的实施不仅给乡村旅游发展提供了强力的政策支撑，还为其带来了资金、人才、设施、服务等良好的条件保障，确保乡村旅游绿色、健康、持续快速发展。

二、我国乡村旅游发展的历史变迁

（一）农家乐形成：乡村旅游的起步阶段（1988—1999 年）

乡村旅游作为一种旅游形态，起源于 19 世纪的欧洲。相比国外，我国乡村旅游起步较晚，其萌芽可以追溯至 20 世纪 50 年代的山东省石家庄村的外事接待。正式的现代乡村旅游起步于 20 世纪 80 年代末期，以 1988 年深圳首届荔枝节的成功举办为标志。改革开放初期，个别临近新兴工业城市与发展较快城市且景色优美的农村地区依托自身资源，自发组织并实施了乡村旅游活动，逐渐出现了休闲观光、田园风情、农家乐等旅游业态。当时，处于改革开放前沿阵地的深圳为了吸引更多商家投资，尝试着举办了首届荔枝节，不久又策划了采摘园，收获了巨大的经济效益。此后，全国多地不断效仿，争相创建特色鲜明且充满乡土风情的休闲观光旅游项目，乡村旅游遍地开花，逐渐造就了一批闻名四方的乡村旅游示范点，如四川成都龙泉驿书房村的桃花节、贵州的民族村寨游等。乡村旅游从民间自发组织起步，引起了地方政府继而中央政府的重视。政府的介入使得乡村旅游走向了规范化管理阶段，一改先前的无序混乱，追求规范科学，乡村旅游逐步推进。1998 年国家旅游局依托乡土情怀深挖农家特色，大力推出农家旅游主题项目；1999 年国家旅游局再次提出并举办生态旅游年主题活动，倡导人们提高环保意识，助推乡村旅游可持续发展。乡村旅游逐渐由自发走向自觉、从被动走向主动。

（二）民宿游兴起：乡村旅游的发展阶段（2000—2010 年）

随着经济发展与收入提高，人们对乡村旅游的消费需求与日俱增，乡村旅游赢得了巨大的发展空间。2000 年以后，我国的工业化与城市化进程提档增速，劳动力转移加大，大量闲暇农民纷纷进城务工，开阔眼界，增长见识。2008 年世界经济危机的发生，使农民工进城打工与回乡就业或自主创业同时并存。个别有经济头脑的农民工凭借其进城务工所获取的资金积累及其对市民旅游消费需求的信息掌握，借助政府的政策引领与技术支持，尝试返乡创业，开发乡村旅游。此外，城市化进程的加快，使众多市民精神压力增大，生活质量下降，渴望拥有舒适安宁、释放压力之所，而乡村人的亲近自然、安静和谐、至朴至简、悠然安逸的生活方式刚好切合其旅游需求，乡村旅游自然成为首选。与出国或出境旅游相比，就近随行的乡村旅游因其自由灵活、便捷迅速、手续简单、费用低廉、绿色低碳、体验无限等特性，备受游客青睐。从旅游业态的核心构成看，这一阶段的乡村旅游突破了起步阶段的"农家乐"发展模式，新增了"民宿游"业态。相比初级简单、机械僵化、临时过渡性的农家乐旅游模式，民宿旅游可谓升级版的农家旅游，是一种休闲娱乐、休憩度假、康健养生的更高更深的旅游业态。在民宿旅游的视域中，乡村中的一山一水、一花一草、一枝一木、一果一蔬、一砖一瓦、一风一俗、一文一墨、一情一意等皆为旅游资源，极大地丰富了旅游产品，拓宽了乡村旅游空间。

（三）多元业态并存：乡村旅游的快速发展阶段（2010 年以后）

2010 年以后，尤其是党的十八大以来，随着人民收入和生活水平进一步提高，我国乡村旅游步入了"快车道"，进入了全面快速发展时期。据智研咨询集团《2017—2023 年中国乡村旅游行业分析及投资前景分析报告》数据显示，"2012 年中国城镇居民人均可支配收入约为 2.5 万元，他们利用休闲时间进行乡村旅游的平均比例为 63%，到 2017 年城镇居民人均可支配收入升至约 2.6 万元，而其利用休闲时间进行乡村旅游的平均比例也提高到了 73%"。近年来，中央政府对乡村旅游给予了高度重视与强力扶持，出台了许多政策文件。如 2016 年中央一号文件明文规定，各地应根据自身实际情况，依托本地特色资源优势，采取多种方式和多种途径，合理规划、科学调控、全面引导乡村旅游发展，着重发展乡村旅游业；2017 年中央一号文件同样对乡村旅游发展给予了极大关注，明确提出乡村旅游发展应坚持同步发展、一体化发展的基本理念，遵循融合发展的基本思路，尝试开展"旅游 +""生态 +"等多种运作模式，大力促进农林、教育与文旅等多种产业之间的深度融合与创新发展，丰富乡村旅游资源，大力发展乡村旅游产业；党的十九大提出了乡村振兴战略，再次明确乡村旅游在转变农业经营方式、优化农业结构、增加农民收入、重塑农村格局、实现农村繁荣等方面起着不可替代的作用。据国家旅游局数据显示，2015 年乡村旅游共接待游客约高达 22 亿人次，旅游创收约 4400 亿元，相关从业人员约 790 万人，其中农民从业人员占据 630 万，累计 550 万农户受益；2016 年乡村旅游累计接待各地游客 21 亿余人次，旅游创收高达 5700 亿人民币，相关从业人员约 845 万人，共计 672 万农户受益。从旅游业态的主要构成看，这一阶段的乡村旅游突破了农家乐、民宿游等单一的旅游模式，开发出森林观光、溪河垂钓、田野采摘、徒步攀岩、山地骑射、劳作教育等多元旅游业态，加速了乡村旅游全面发展。

三、乡村振兴背景下乡村旅游发展的路向转型

（一）从"重金山"到"重青山"：树立绿色发展理念

人类文明历经黄色的农业文明与黑色的工业文明，逐渐过渡到了绿色的生态文明。坚持绿色发展，走向生态文明，不仅是时代的要求，更是历史的必然。历届中央政府都高度重视环境保护与生态文明，2013 年习近平总书记明确提出了我国的绿色发展理念："宁要绿水青山，不要金山银山，

而且绿水青山就是金山银山。"发展农业与工业经济需要树立绿水发展理念，发展旅游经济更要将这一理念贯彻到底。乡村振兴一定要绿色振兴，乡村发展亦要可持续发展。乡村旅游作为乡村振兴重要一环，只有树立绿色发展理念，才能获得源源不断的发展动力；只有保护好乡村自然生态环境，才能保护好乡村的生产力；只有不断改善乡村自然生态环境，才能更好地发展乡村生产力，实现乡村振兴。绿水青山是农村的核心竞争力所在，是农村最为基础、最为重要的旅游资源，是吸引游客前来旅游的底色和保障，是发展乡村旅游的基础和前提。长期以来，乡村旅游往往存在盲目发展、过度开发、污染环境、破坏生态等诸多问题，这种拿青山绿水换金山银山的做法无异于竭泽而渔，不可持续。当下，发展乡村旅游业，实现乡村旅游的绿色、生态、健康、可持续发展，离不开良好优美的自然生态环境。只有优先保障绿水青山，才能在乡村旅游中获取更多的金山银山。

（二）从"卖风光"到"卖风情"：注重自然人文并存

在旅游学与地理学视域中，风光和风情内涵迥异。风光特指自然风光，常常用来形容原始的或保留完好的未被人为开发、破坏的自然景象，如高山峻岭、深沟险壑、湖光山色、悬河瀑布、溪水潺涓、雾气升腾、大雨滂沱、细雨绵绵、阴云密布、风轻云淡、朗朗晴空、壮丽日出、夕阳西下、皓月当空等；风情则侧重于社会人文景象，在自然风光之中注入了人文因素，体现了人类积极作为、认识自然、改造自然的主观能动性。自然景观与人文景观共同构成了乡村旅游景观，是乡村旅游发展的宝贵资源。发展乡村旅游，离不开自然景观与人文景观有效契合。然而，自然景观与人文景观孰轻孰重？对于乡村旅游而言，自然景观只能够满足游客最基本、最低层次的消费需要，而人文景观能够满足游客深层次、高级别的消费需要。乡村的自然景观是固有的、无法改变的，具有很大的限定性，使得乡村旅游发展表现出很大的局限性。而乡村的人文景观是人为的、容易改变的，具有很大的可控性，为乡村旅游提供了无限的发展空间。自然景观欠缺的乡村也能够充分发挥主观能动性，积极作为，通过打造人文景观，发展乡村旅游，从而契合全域旅游的发展理念。当下，乡村旅游仅凭良好的自然生态环境取胜的时代早已过去。面对激烈的旅游市场竞争，乡村旅游既要保护环境，维护生态，更要积极作为，努力开发具有特色的体现本土人文气息的旅游产品（如山地运动、野外求生、摄影写生、修学悟道、赏花赏月、劳作竞赛、攀岩探险、水上漂流、健身养生等），才能创收致富，更好更快地实现乡村振兴。

（三）从"种庄稼"到"种文化"：坚持融合发展原则

旅游是一种心灵的体验，旅游的灵魂和根基在于文化。离开文化发展旅游，犹如离开商品发展商业，灵魂不在，根基不存，发展必将无以为继。文化是旅游走向繁荣发展的关键，任何对优秀文化的保护与传承都是对旅游自身的保护与发展，反之，任何对优秀文化的遗弃与伤害都是对旅游自身的遗弃与削弱，乡村旅游亦不例外。因此，乡村旅游业应该改变长期以来的传统发展模式，从根本上重视文化建设，保护并深入挖掘本地优秀传统文化，创新开发出形式多样、内涵丰富、特色彰显的文化产品，形成"种文化"的发展模式。这要求乡村旅游坚持融合发展的基本原则，"推动更多资本、技术、人才等要素向农业农村流动，形成现代农业产业体系，促进一二三产业融合发展"，进而促使乡村由单一的农业经济向多种产业融合并存的多元化经济转化，拓宽并优化乡村产业结构，全面实现乡村振兴。乡村文化的种类有很多，既包括传统历史文化，如民俗风情、古村落（寨）、古民居、古祠堂、古牌坊、古道路、古桥洞、古碑亭、古器具、传统民艺、传统戏曲、民族舞乐等；又包括现代新兴文化，如劳作竞赛、美食大赛、才艺比拼、欢庆丰收节等。从"种庄稼"到"种文化"的转化要求我们既保护与传承传统历史文化，又重视与发展现代新兴文化。一方面，挖掘优秀传统文化，注重文化传承创新，将那些濒临消失的风土人情、传统礼仪、老房子、旧村寨、破家具、传家宝、看家绝活等以活态方式保护起来，不断进行传承与创新；另一方面，拓宽农业附加值，注入"种庄稼"的过程体验，如举办插秧比赛、秋收比赛、最大果实评比、美食文化节等，通过主题开发、文化展示、网络营销等方式推向市场，提高乡村知名度。

（四）从"当配角"到"唱主角"：遵循农村发展规律

农村是农民的村庄，农民是农村的乡民。农村是属于农民的，农民亦是归于农村的。农村与农民不能分离亦不可分离，两者戚戚相关、荣辱与共。实施乡村振兴，发展乡村旅游，必须走近农民、信任农民、依赖农民与服务农民，充分调动与发挥农民的积极主动性，遵循农村发展规律，融合多种产业，优化农业结构，始终把农民的利益置于首位。乡村旅游发展不能以任何理由与借口将农民拒之门外，更不能以规划、投资、开发为由损害农业、牺牲农民。在乡村旅游开发中，要坚决杜绝排斥农民、破坏农业等现象发生。"把传统村落里的老百姓迁出去，把房子租给外来人或由公司经营，雇一些人表演性地再现传统文化与乡村技艺，或者破坏地形地貌和景观生态大兴土木再造景点，这些做法均与乡村振兴战略的理念背道而驰，也难以做到乡村文化的保护、传承与创新"，更无法实现乡村旅游的健康、绿色与可持续发展。农业、农村与农民融合统一于乡村文化之中，构成了一个三位一体、无法分割的系统。脱离了农民，乡村旅游必将变得空洞单调、矫揉造作，流于形式，丢失根基，失去持续发展的生命力。农民在农村开展农业劳动的生活过程可以转化成旅游服务和开发经营过程，唯有将二者有机结合为发展共同体与利益共享体，才能充分激发农民参与旅游开发、传承乡土文化的主动性和积极性，从而实现乡村旅游发展的良性循环。

第三节　乡村振兴战略背景下的乡村旅游智力扶贫

　　旅游扶贫是推进实施乡村振兴战略的重要路径之一。因为乡村居民普遍存在旅游开发与经营管理专业知识和能力方面的不足，所以旅游智力扶贫是乡村旅游扶贫工作中的关键问题。在乡村振兴战略背景下，乡村旅游智力扶贫的关键内容应该包括三大方面：强化乡村居民通过旅游发展而致富的思想意识、领悟成功要诀、掌握具体技能。乡村旅游智力扶贫的具体实施可以通过推动旅游景区带动乡村社区、推进乡村居民主动通过旅游发展而致富和推行旅游人才注入政策等路径来实现。

　　从"社会主义新农村建设"到"美丽乡村建设"，再到"乡村振兴战略的提出与实施"，乡村地区一直是我国发展建设的重要组成部分，也是我国全民脱贫致富的关键所在。在 2017 年中国共产党第十九次全国代表大会报告中，乡村振兴战略被作为国家战略。2018 年初，国务院颁布了《中共中央国务院关于实施乡村振兴战略的意见》，开始在全国范围内大力实施乡村振兴战略。随后，国家出台了《关于支持深度贫困地区旅游扶贫行动方案》，聚焦深度贫困地区，切实加大旅游扶贫支持力度。在这样的国家战略背景下，乡村旅游发展迎来了前所未有的机遇。大力发展乡村旅游不仅是深入贯彻落实乡村振兴战略的有效路径之一，而且是贫困乡村地区脱贫致富的重要手段之一。当前，我国乡村地区的旅游扶贫工作受到各级政府的高度重视，旅游扶贫已经成为我国脱贫攻坚、实现乡村振兴的生力军。在众多乡村旅游扶贫手段中，旅游智力扶贫成为关键所在，并且已经成为乡村居民彻底脱贫致富和实现乡村振兴的重要推手。

一、乡村振兴战略背景下乡村旅游智力扶贫的重要性

根据国家关于乡村振兴战略的部署，各主要部门、各级地方政府纷纷制定区域性乡村振兴战略，使乡村振兴战略思想细化到各乡村地区，渗透到各个乡村产业，为解决以往的城乡发展不平衡、农村发展不充分、农民的美好生活需要未得到满足等问题带来了广阔的前景。旅游业具有产业关联性广、综合带动性强等产业发展优势，以乡村旅游发展助推乡村振兴战略的推进与落实，成为很多乡村地区的首选。乡村旅游业的长远发展离不开旅游开发和管理人才，在贫困乡村地区开展旅游扶贫工作更离不开当地居民的旅游开发和经营管理能力。目前，乡村居民普遍缺乏旅游开发与管理方面的专业知识和能力，他们在旅游发展实践中常常处于不利地位。很多乡村居民想进行投资，但是由于不懂旅游开发、不懂旅游经营管理，就出现了"赢得起、输不起"的心态，不敢轻易向乡村旅游产业投资。

我国以往采取的政府"输血"式扶贫常常导致被帮扶者产生"等、靠、要"的懒惰思想，扶贫效果并不理想。乡村旅游扶贫的重点不应仅仅是资金扶持和物质支持，关键在于实施"开发"式扶贫，即帮助乡村居民提升旅游开发和运营方面的能力，通过旅游智力扶贫让他们更愿意积极主动地参与乡村旅游产业开发。政府不应直接把资金交给希望开发旅游的农民，而应该帮助他们学习乡村旅游开发和运营的科学方法，让他们懂得乡村文化旅游、社区旅游开发、优质旅游接待、增强游客的旅游体验、优化旅游人文环境和旅游地形象等基本原理。只有提升乡村居民的旅游生产软实力，切实提升其旅游经营水平和收益水平，才能真正贯彻落实乡村旅游发展助力乡村振兴战略。

二、乡村振兴战略背景下乡村旅游智力扶贫的关键内容

刘合光提出乡村振兴战略实施的关键在于抓住"人、地、钱"三大关

键要素。人就是乡村居民，即农民；地就是土地、村庄、农田农业；钱是指公共财政和社会资源向三农倾斜。在乡村振兴战略背景下实施乡村旅游扶贫，关键点在于抓住"人"这一核心要素进行旅游智力帮扶。旅游智力帮扶也要抓住关键点，掌握关键的智力帮扶内容，只有找对抓手，才能达到预期的扶贫效果。从总体上看，乡村旅游智力扶贫的关键内容应该包含三大方面内容：在精神层面使乡村居民形成并强化通过旅游发展致富的思想意识、在宏观层面让他们领悟成功要诀、在具体层面掌握相关技能。

（一）精神与观念层面：强化通过旅游发展致富的意识

旅游智力扶贫的第一步是触发乡村居民的"思想革命"，实施"精神扶贫"，让他们更新传统的思想观念，相信"旅游发展可以致富"。乡村旅游扶贫从本质上看是依赖社会各界力量的扶持，使乡村地区居民利用本地资源、区位、市场基础发展地方性旅游产业，带动本地经济与社会发展，实现脱贫致富的目标。精神扶贫重在使乡村居民树立"旅游发展可以脱贫致富"的信念，积极主动参与旅游发展并且力争成为旅游接待的主导力量。第二步是需要乡村居民认识到"发展旅游是必须用心的"，让乡村居民在宏观上认识到发展旅游看似简单，而成功的关键在于是否用心经营。乡村旅游参与者必须有强烈的旅游市场意识、诚信经营信念、可持续发展理念，在价值观念上认同旅游业是一个"需要用心经营、科学合理开发与经营才能致富"的行业。

（二）宏观层面：领悟通过旅游发展致富的成功要诀

在形成通过旅游发展致富意识的基础上，乡村居民还必须在内心深刻领悟成功要诀，也就是懂得如何发展旅游才能获得成功。

首先，乡村居民必须认识到旅游消费属于精神消费，游客购买的是"旅游消费经历和体验过程"。游客首先看重的是消费过程中的心情体验，而不单单是有形实体。

其次，乡村居民要懂得通过塑造"个性和新奇"的旅游体验来吸引游客，既体现在差异化上，也体现在不断变换花样，常变常新，不断为游客塑造不同的旅游体验经历。要达到这样的效果就必须不断进行自我创新，避免抄袭复制，杜绝雷同。

再次，乡村居民必须理解全域旅游环境对旅游者消费体验的重要影响。乡村地区的自然环境和人文社会环境不仅是乡村旅游发展的基础依托，同时也是乡村旅游整体产品的构成元素。

最后，乡村居民必须坚持诚信经营、坚持可持续发展。只有在精神上坚持可持续发展理念，在行动上坚持诚信友善经营，不坑蒙拐骗，才能实现乡村地区的长久振兴。

（三）微观层面：掌握通过旅游发展致富的具体技能

在真正领悟通过旅游发展致富的成功要诀基础上，乡村居民还必须掌握旅游开发与运营的具体技能，知道"具体该怎样开发旅游"。

第一，乡村居民应该掌握旅游开发手段，学会打造乡村旅游特色。每处旅游地都有其独特的资源要素。只有将这些独特的自然或者人文要素合理挖掘利用，通过实施文化旅游、创意旅游和主题旅游，实现农旅融合，形成独特的旅游文化 IP（Intellectual Property），才能产生持续不断的旅游吸引力。IP 的基本意思是知识产权，但在形成旅游 IP 时，是指形成围绕一个文化符号构建出的产业矩阵形态。文化旅游形式更具可持续性，将文化资源转化为旅游产品更易获取文化附加值；将乡村文化和创意产业深度融合，引导游客参与互动，更易强化旅游体验深度。每个村落或者社区围绕自身文化元素、地脉和文脉打造一个特定主题旅游区，更易形成个性鲜明的特色化旅游 IP。依托简单鲜明、有特色元素和符号的地方文化，很容易打造出具有排他性和独特性的旅游 IP。在进行旅游开发时，应该尽可能实现农业、文化、旅游的全面融合和全域融合，"大力发展乡村旅游，提升文化旅游业态"，产生最广泛的产业拉动效应。同时，在创意化和主题化前提下对具体内容形式实施"常变常新"策略，这样可以拥有持久的旅游吸引力和生命力。例如：一个村落可以围绕"一个故事"展开旅游开发，在具体的活动设计中应该多增加"手工坊"之类的主客互动、全身心体验型项目。乡村旅游项目的设计重点不在于是否高端，而在于有体验、有主题、有差异、有真实性。

第二，乡村居民应该掌握旅游接待技能，保证旅游接待服务质量，力争实现提供优质旅游服务。旅游接待过程同样属于游客的旅游体验内容，其重要性不亚于旅游吸引物的吸引力。如果乡村居民只会进行旅游产品开发而不会经营，那么乡村旅游就不会有持久的生命力。乡村旅游经营者必须秉承诚信友善的经营理念，在主客互动、服务内容、服务质量以及自身的言谈举止等方面充分展现优质旅游的场域氛围，将游客现场体验的过程视为旅游营销的过程，不断提高游客的满意度和忠诚度。这样不需要投入太多的营销成本，就能产生"酒香不怕巷子深"的营销效果。

三、乡村振兴战略背景下乡村旅游智力扶贫的实施路径

（一）通过旅游景区带动乡村社区发展

旅游景区带动乡村社区的发展演化可分为四个阶段，也可以理解为四种发展水平。第一阶段为当地居民到景区就业阶段；第二阶段为乡村居民自主创业阶段，包括依托当地景区进行依附式创业和自主创建旅游社区两种情况；第三阶段为景区主导下的景区与社区合作阶段，包括景区企业到乡村社区投资，进而创建景区与社区建立平等合作关系；第四阶段为景区与乡村社区平等合作双赢阶段。可以看出，这四个阶段是伴随着乡村居民的旅游致富思想成熟而逐步演化升级的。目前在不同的乡村地区，乡村居民旅游致富的智力和能力各有差异，适合采用景区带动乡村社区发展的形式也各有不同。在当前的乡村振兴战略背景下，当地政府部门必须发挥主导作用，根据本地实际情况形成相应的双赢机制，出台奖惩政策，推动旅

游景区带动乡村社区协同发展，也可以使乡村居民就近学到基本的旅游开发与管理知识。同时，政府应该确保避免出现当地居民被"边缘化"的现象，杜绝发生将本地乡村居民排除在外而孤立发展的"旅游孤岛"现象。

（二）通过旅游发展带动乡村居民致富

以乡村旅游发展助推实现乡村振兴，一方面需要发挥政府的宏观主导作用，另一方面也必须确保乡村居民的主体性作用。乡村居民要依赖旅游业发展真正实现乡村振兴，就必须获得自我成长，成为旅游发展中的主导力量，进而拥有旅游开发决策和收益的主导权。当地政府除了推动当地景区带动乡村居民通过旅游发展致富之外，还应该直接参与组织乡村居民的学习与培训。基层政府、行政单位应该响应和配合实施乡村旅游助推乡村振兴战略，乡村基层党组织带头人尤其应该发挥引领作用，督促民间协会和社区精英发挥带头作用，组织群众参加旅游开发和接待的培训学习。政府既可以采取"将专家请进来指导，让农民走出去学习"的形式，也可以选调旅游专家实施定点智力扶贫，或者实施旅游院校对口帮扶项目，对乡村旅游地进行旅游规划和发展咨询。最终让乡村居民形成强烈的旅游发展致富意识，理解旅游发展致富的成功要诀，掌握旅游发展致富的具体手段，拥有通过旅游发展而致富的能力。

（三）实施旅游人才注入政策

在乡村旅游助力乡村振兴的进程中，缺乏旅游专业人才是最大的问题。乡村居民在受教育水平、对新知识的接受与理解能力、综合素养等方面普遍存在不足，所以旅游智力增长速度比较缓慢，旅游助力乡村振兴的前进步伐也比较缓慢。要快速展现乡村旅游智力扶贫的效果，就需要对乡村旅游地实施旅游智力"注血"，同时增强其造血功能。当地政府首先应该制定相应的旅游人才吸引政策，积极引进旅游专业人才，一方面可以吸引外地人才前往乡村地区进行就业、创业，另一方面重点号召本土大学生回乡就业、创业。吸引本地人才回乡创业，带领乡亲们共同致富，不仅是最有效的人才注入举措，而且可以有效增强乡村旅游地的"造血"功能，加快旅游智力传播速度，实现长久的乡村振兴。

贯彻和落实乡村振兴战略，深入发展乡村旅游是一种重要的路径选择。乡村地区旅游扶贫的关键问题在于旅游智力扶贫，旅游智力扶贫的实施也必须抓住关键内容。旅游智力扶贫的具体实施需要在当地政府的主导下构建合理的乡村旅游扶贫与受益机制，开展"乡村旅游扶贫工程"，保障乡村居民在乡村旅游发展中的主导地位和收益。在实施乡村旅游智力扶贫的同时，也要推动社会公共资源向乡村旅游地倾斜，创造相应的配套条件。只有这样，才能真正通过发展乡村旅游实现持久的乡村振兴。

第四节　乡村振兴战略下乡村旅游合作社发展

乡村旅游是乡村振兴的产业发展选择，乡村旅游合作社是促进乡村振兴的有效载体，研究乡村旅游合作社的发展对于乡村振兴具有重要的现实价值。阐述乡村旅游合作社的含义及基本特征、发展现状，剖析了合作社在基层干部辅导能力、合作社管理人才、合作社抗风险能力等三个角度的发展困境，提出了形成乡村旅游合作社发展的指导性意见、将合作社打造成乡村"双创"平台、打造合作社联社等有助于乡村旅游合作社发展的创新策略。

乡村旅游是乡村振兴的产业发展选择，是践行乡村振兴的嬗变路径。2015年11月江西省第一家乡村旅游专业合作社"萍乡市武功山红岩谷乡村生态旅游专业合作社"成立，拥有社员22户，带动了乡村180余人就近就业。江西大余县、于都县等通过"景区＋旅游合作社＋贫困户"、"旅游合作社＋贫困户"等模式，吸纳农户、贫困户以土地、房产、劳动力、自有资金或扶贫资金等要素入股，积极探索了旅游扶贫与合作社协同发展的新思路新实践，开创了乡村旅游扶贫新局面。乡村的振兴和乡村旅游的发展需要源自基层的实践创新，也需要来自于政府层面的政策扶持。2016 年底国务院颁布的《"十三五"旅游业发展规划》明确提出"创新乡村旅游组织方式，推广乡村旅游合作社模式"。2017 年中央"一号文件"在"大力发展乡村休闲旅游产业"中首次提出"鼓励农村集体经济组织创办乡村旅游合作社"。目前乡村旅游合作社已经从基层的实践创新转变为各地旅游发展的重点工作，乡村旅游合作社成为促进乡村振兴的有效载体。

在乡村振兴战略推进和乡村旅游大开发形势下，如何引导和激励乡村旅游合作社的健康发展，是当前政府、业界和学术界共同关注的热点问题。本研究通过对乡村旅游合作社的含义和基本特征的分析，以及乡村旅游合作社发展现状、发展困境的剖析，提出相应的政策建议，这对于我国乡村旅游合作社的理论研究和实践指导均具有重要的意义。

一、乡村旅游合作社的含义与基本特征

乡村旅游合作社是在农村家庭承包经营基础上，以农民为主体的乡村旅游经营者自愿联合、依法经营、民主管理的按照市场机制运行的互助性经济组织。

（一）农村家庭承包经营制度是乡村旅游合作社建立的重要基础

农村家庭承包经营制度是我国农村的一项基本制度，是集体组织将土地等生产资料承包给农村家庭进行经营的农业生产形式。从法律属性上来说，乡村旅游合作社是依照《中华人民共和国农民专业合作社法》（以下简称《合作社法》）建立的农民经济组织，是农民专业合作社的一种类型。2018 年 7 月新实施的《合作社法》第二条指出"本法所称农民专业合作社，是指在农村家庭承包经营基础上，农产品的生产经营者或者农业生产经营服务的提供者、利用者，自愿联合、民主管理的互助性经济组织"。因此，乡村旅游合作社经营的核心要素如土地承包经营权、林地经营权，以及集体组织的其他一些资产，在农村家庭承包制度的基础上，才得以变资源为资本，推动乡村旅游合作社的合法组建，合作社社员才能充分发挥生产经营的自主权和主动性，并依法享有生产资料及其增值产出的占有权、使用权、分配权等。

在当前乡村旅游合作社的发展实践中，以土地承包经营权、林权等农村家庭承包经营基础上所赋予农户的权益，常可以作价出资、量化入股，与资金、科技、劳动力等要素集聚，组建成具有要素股份化特征的乡村旅游合作社，探索着符合当前农村新型合作经济发展态势下的乡村旅游资源集约化发展模式。

（二）农民是乡村旅游合作社发展的核心主体

农民富裕是乡村振兴的根本，是当前我国消除贫困、改善民生的重大任务。发展乡村旅游，是农村新产业新业态，其目标之一是提高农民收入，增加农民福祉。乡村旅游合作社的发展实践中，农村能人、专业大户、农村新乡贤、返乡大学生等新型农民在政府引导、企业引领或者自己创办的方式下，组织农村社区农民组建和经营合作社，发展休闲农业，开发乡村旅游。多元化参与的乡村旅游合作社必须以农民为主体，不能在发展中脱离农民，抛弃农民利益，否则，合作社将异化成资本下乡掠夺农村财富的工具。《合作社法》第二十条规定农民社员至少要占社员总数的80%，农民必定是合作社发展的核心主体，这样才能真正体现合作社是农民的合作社，农民是合作社的主人，真正体现合作社为农民服务的宗旨。

（三）自愿联合、依法经营、民主管理是乡村旅游合作社经营的基本原则

坚持农民自愿的原则。乡村旅游合作社是农民自己的组织，任何机构或个人均不能强迫农民加入或退出合作社。农民享有"入社自愿、退社自由"的权益。在合作社发展中要充分尊重农民的意愿，地方政府或机构不能因

政绩需要、利益纠纷而以行政干预手段，或强迫命令，或包办包干，违背农民意愿。

坚持依法经营的原则。制定和修改《合作社法》，是为了农民合作社的发展，使合作社的组织更规范，行为更合法。对外保障了农民合作社与其他市场主体一样，享有平等的法律地位，也意味着合作社的生存和发展都需要按照市场机制运行，参与激烈的市场竞争，适者生存，不适者淘汰。对内保障了合作社的日常经营及农民社员的合法权益，从社员资格、出资方式、股份要素、生产标准、管理制度、盈余分配等方面规范和约束合作社及社员行为，使合作社内部管理能实现现代企业化管理，增强参与市场竞争的能力。

坚持民主管理的原则。民主管理是合作社区别于其他企业组织的显著特征，《合作社法》对合作社的民主管理提出了具体要求，落实好《合作社法》，搞好合作社的民主管理，才能体现"以服务成员为宗旨"，为合作社成员提供互助性的生存经营服务。服务社员不以营利为目的，通过合作互助，民主管理，提高合作社办社效益，提高农民的收入，从而提升农民的入社积极性，提升农民参与市场的能力。

二、乡村旅游合作社发展的现状

（一）乡村旅游合作社起步晚、发展快

我国乡村旅游的发展始于 20 世纪末八九十年代，"吃农家饭、住农家院"的"农家乐"发展模式吸引了不少城市旅游者，但处于自我发展时期，缺乏政府引导以及规范管理。随着新农村建设、美丽乡村、产业扶贫、乡村振兴等战略的不断推进，乡村旅游已成为我国旅游产业发展的生力军。传统的农家饭、田间采摘等乡村体验活动已无法满足城乡居民的休闲文化需求，乡村旅游进入到内容升级和服务升级的快速发展阶段。2007 年《农民专业合作社法》的实施前后，众多的农民专业合作社以种植业、养殖业等

作为主业，农家乐、田园采摘等旅游服务仅仅是作为合作社的副业，还不是真正意义上的旅游专业合作社。

2015年下半年国家将旅游项目纳入专项建设基金支持领域以来，2016年中央一号文件提出"大力发展休闲农业和乡村旅游"，2017年到2019年国家旅游局、国务院扶贫办、农业局、国家发改委等部委颁布或联合颁布的一系列的支持乡村旅游的政策密集出台，为乡村旅游发展和乡村旅游专业合作社兴起提供了政策措施和保障，地方政府也为旅游专业合作社的规范发展制定了相关的政策意见。如四川省2016年4月出台了《关于大力发展乡村旅游合作社的指导意见》，到2016年底，四川省就注册各类旅游专业合作社2953家，占农民专业合作社总量的5%，乡村旅游合作社的发展进入到快车道。

（二）乡村旅游合作社发展模式多样化

牵头领办或创建合作社的多是乡村能人、经营大户、村干部、返乡大学生等，一方面他们要引导农户、贫困户以自有资金、扶贫资金、林地经营权、土地经营权、房屋等资源要素以专业合作、股份合作等方式加入合作社，另一方面他们要吸引旅游公司、龙头企业等也以股份合作、合同制等利益联结方式参与乡村旅游开发，进行市场开拓。除了上面提到的大余县、于都县的"景区+旅游合作社+贫困户""旅游合作社+贫困户"等模式外，乡村旅游合作社的经营模式还有诸如"公司+旅游合作社+农户""旅游合作社+景区+农户""村集体+旅游合作社+农户""旅游合作社+基地+农户"等模式。旅游合作社的领导者或管理者须结合村民意愿、当地实情，选择适合本地旅游资源和市场开发的合作社经营模式。无论选择哪种经营模式，乡村旅游合作社都须秉承服务农民的宗旨，增强农民进入市场的组织能力和抗风险能力，有效提高农民收入，提升农民参与乡村旅游开发的积极性。

（三）乡村旅游合作社经营业务多元化

农民专业合作社的成立，从合法性上说需要在当地的工商行政管理局登记注册，其合法的经营业务应当是在登记注册时的业务范围内。乡村旅游合作社的经营业务范围在登记注册时就须说明，经营业务呈现多元化的特点。从旅游服务提供的角度，可以分为三大类。第一类是只从事乡村旅游项目开发和乡村旅游业务，如婺源县远上寒山乡村旅游专业合作社在其工商注册时的业务范围是生态旅游、民俗旅游，提供的只是旅游产品和服务。第二类是以乡村旅游服务为主、种养业为辅，主要提供餐饮、住宿、休闲体验等旅游活动和产品，如宜春市明月山品儒庄园乡村旅游农民专业合作社的注册经营业务范围是土特产及旅游产品的生产、销售，餐饮、住宿、休闲娱乐等旅游活动服务，辅以种植水果蔬菜、养殖鸡鸭鱼等。第三类是以乡村旅游服务为辅、种养业为主，在种养业销售的基础上提供动植物观赏、田园采摘垂钓等休闲趣事活动，如宜春市硒水鹿园乡村旅游专业合作社的注册经营范围是梅花鹿及其他畜禽、水产养殖销售，生态旅游观光、乡村旅游农家乐为辅。

早期的农民专业合作社主要是单纯从事农业生产经营，由于旅游休闲活动需求少，涉及的旅游服务也不多，其注册的合作社名称也很少带有"旅游"或"乡村旅游"字词。随着乡村旅游市场的需求增加，简单的农家体验不能满足消费者对乡村特色文化的需求，越来越多的合作社除了使用"旅游""乡村旅游"字词外，在注册的名称上体现提供旅游休闲活动的特点，展现其经营业务的特色。这些变化正好说明农民专业合作社的业务服务范围，从基础的农业生产销售到一二三产业的农旅融合、文旅融合。农业与旅游业在乡村旅游合作社载体上的融合，实现了农村资源要素的有效契合，节约了农民与市场的对接成本，切合了乡村旅游发展的变化趋势。

三、乡村旅游合作社发展的困境

与农民专业合作社最初的发展状况相似，乡村旅游合作社的发展同样存在着许多困境，如农民对乡村旅游合作社认知不足、政府扶持不力、内部管理不善、领头人不强等。根据笔者在基层的调查，仅从以下三个方面进行阐述乡村旅游合作社发展的困境。

（一）基层干部辅导乡村旅游合作社心力不足

基于政府的工作目标，乡村旅游开发中，政府的主导作用显然有其目的性和必要性。乡村旅游的发展离不开乡村旅游组织形式的创新，乡村旅游合作社是在政府部门相关政策引导下，通过农民自愿联合而成立的农民组织。在乡村旅游的政策宣传、基础设施建设、村民旅游知识技能培训等具体方面，政府发挥了重要的领导作用。

从中央到地方，支持乡村旅游合作社的相关政策频繁出台，如2016年底国务院颁布的《"十三五"旅游业发展规划》提出"推广乡村旅游合作社模式"、2017年中央"一号文件"提出"鼓励农村集体经济组织创办乡村旅游合作社"、2016年四川省《大力发展乡村旅游合作社的指导意见》，彰显了政府对乡村旅游合作社发展的重视。然而，真正在基层干部落实当中，存在些先天不足。一是扶持政策"只响雷、不下雨""僧多粥少"，真正需要"钱财物人"的支持时，扶持政策很难落实，基层干部无所适从。二是牵涉的基层部门多，基层干部"不知该管不该管"，管理难。三是乡村旅游产业作为农村发展新型事物，许多基层干部缺乏相关经验，对乡村旅游合作社的发展缺乏辅导能力，心力不足。这样，乡村旅游合作社的发展必然出现"重成立、轻发展""重数量、轻质量"的短期政绩观，影响乡村旅游合作社的后期品质建设。

（二）乡村旅游合作社经营管理人才缺乏

乡村旅游合作社是现代企业制度的合作社，其筹备建立、信用融资、社员入社退社、股份设立、盈余分红等需要现代企业管理的理念和方式。在旅游产品开发和活动策划上，传统农家乐和采摘垂钓并不能满足当前城乡旅游消费者日渐增长的文化休闲需求，无论是民俗文化的开发，还是农耕文化的挖掘，都需要合作社的管理者具备一定的历史文化知识和节庆活动策划能力。另外，在消费者市场的拓展上，需要"互联网＋"、新媒体营销手段的宣传和营销，运营微信公众号、旅游APP，成为合作社营销实力的体现。乡村旅游合作社的发起人或者带头人是乡村能人、专业大户等，基本是最初在经营种养业、农家乐等基础上发展而来，运营合作社的旅游产品创新、营销创新的管理能力不强，乡村旅游合作社普遍出现经营管理人才的缺乏。

（三）乡村旅游合作社抗风险能力弱

乡村旅游合作社不是福利组织，是要将农民联合起来，按照市场机制运行共同参与激烈的市场竞争。但乡村旅游合作社存在抗风险能力弱的状况，参与市场竞争的实力不强。从外在来看，乡村旅游合作社一般依托的是本村的旅游资源，普遍存在规模小的特点，能吸纳的本村村民大多在10到30余户，且经营项目单一，提供的旅游产品或服务同质化现象严重。前文提到的旅游合作社经营管理人才缺乏，旅游产品创新能力不足，市场开拓能力有限等，导致合作社缺乏创建核心竞争能力的实力，市场竞争力不强。内部管理控制上，由于社员主要是本村村民，甚至吸纳了众多的贫困户，社员的异质性大，使得社员管理难度大，缺乏凝聚力，社员合作意识缺乏，如在旅游商品销售或服务时争夺游客，易形成违反合作社管理章程或契约安排的非合作行为。在资金运作和管理、利益分配上，内部制度不完善，民主管理流于形式，违背服务社员的服务宗旨。

四、乡村旅游合作社发展的创新策略

（一）厘清各项支持政策，形成合作社发展的指导性意见，合力发力

关注"三农"的支农惠农政策层出不穷，但"三农"问题依然严峻，其中原因之一是政策支持"三农"所投放的资源处于碎片化运行状态，无法集中发力。针对如此情况，为做好乡村旅游合作社的发展工作，山东省东营市旅游局在 2010 年就发出了《关于大力发展乡村旅游专业合作社的通知》，四川省 2016 年提出了《大力发展乡村旅游合作社的指导意见》。其他地区各级政府也应针对本地方乡村旅游合作社发展的实际状况，通过对惠农政策的分类梳理，如扶贫政策、合作社政策，或者税收政策、补贴政策、保障政策等，理出乡村旅游合作社发展的若干支持政策，并形成支持乡村旅游合作社发展的指导性意见。这些指导性意见把各项政策合力形成专项支持政策，发力助力合作社的发展。另外，这些指导性意见对于基层干部来说，即能有针对性地帮扶乡村旅游合作社的发展，又能提升基层干部的政策解读能力和执行能力。当然，对基层干部业务能力也有必要进行专项培训，能解农民之所惑，以加强干群关系。

（二）将乡村旅游合作社打造成乡村"双创"平台，引智引资

近年来乡村"大众创业、万众创新"的"双创"热潮不断，围绕着农村经济社会发展，乡村创客们在农村电商、新技术推广、乡村旅游、乡土文化传播等方面，用实际行动做乡村振兴的践行者。乡村旅游合作社为农村绿色发展增添了新动能，在"双创"热潮下，将乡村旅游合作社打造成返乡大学生、返乡创业农民工、返乡退伍士兵、乡间能人等的乡村"双创"平台，有利于社会资本的汇集和创业能人与管理人才的引入，成为助农兴农的有力平台。

政府在乡村"双创"活动中打造工作新思路。在乡村旅游发展上，政

府除了引进一些旅游公司、农业园区之外，要将农民自己的互助性经济组织——乡村旅游合作社作为工作内容之一，吸引返乡创业农民工、返乡大学生等发起或加入乡村旅游合作社。结合新时期消费者需求特点，将"互联网＋农业""互联网＋旅游"、新媒体营销等互联网时代的新技术新模式引入到乡村旅游合作社的发展，让合作社搭上乡村"双创"的快车，享受乡村"双创"平台的各种政策扶持，为乡村振兴助力。

（三）乡村旅游合作社联合创建联社，提升化险御险能力

由于乡村旅游合作社发展仍处于起步阶段，规模小，旅游产品和服务单一，经营管理人才缺乏，内部制度不完善，抵御市场风险能力弱。由政府牵头，市场运作，将各乡村旅游合作社联合，或者和其他专业合作社联合，打造乡村旅游合作社联社，将有利于各成员社提升化解风险抵御风险的能力。地方政府对联社的指导、管理和政策支持，从管理效率上来说将优于面对单一的合作社的服务。打造联社，可以根据各地的实际情况，在乡域、县域，甚至市域范围内开展。联社可以在旅游规划、旅游产品开发、社员培训、营销推广和市场开拓等方面解决单一合作社成本大、效果差的问题。联社为各成员社提供整体规划和指导服务，各成员社在联社的统一领导下，结合乡村旅游发展的"一乡一品"、"一村一品"等策略，努力挖掘红色、古色、绿色等本乡本村的乡土资源，共享旅游资源，同拓旅游市场，共御市场风险。

乡村旅游合作社只是乡村振兴战略下乡村旅游发展的组织形式之一。"公司＋农户"的乡村旅游公司、农业观光园景区等乡村旅游组织模式，与当地农民的利益联结弱，农户只是典型的打工仔。"乡村旅游合作社＋农户"的乡村旅游发展组织模式，以农民社员为主体，其以房屋、土地、林权、资金等多种资源要素入股，共同开发乡村旅游资源，共筑农村新型合作经济。发展好乡村旅游合作社，能让村民共享乡村旅游资源开发的红利，共同谱写乡村振兴的篇章，实现农民、乡村旅游合作社、政府的多方共赢。

第三章 旅游与乡村建设融合的比较分析

由于自然条件、文化传统、经济发展水平等各方面存在差异，不同的地区在旅游业发展与乡村建设风格上不尽相同，旅游与乡村建设融合发展方式也因此各具特色。本章基于国内外旅游与乡村建设融合发展的特点总结，对未来的乡村建设、旅游业发展及两者融合发展的趋势进行分析。

第一节 国外旅游与乡村建设融合发展特点

欧美发达国家最先进入机器大生产时代，首先产生了规模化的乡村旅游需求，因此其乡村旅游业发展得较早，较为成熟。近年来，亚洲旅游业快速发展，乡村旅游也在快速的城市化和工业化进程中蓬勃发展起来。大洋洲和非洲则由于地理位置和自然资源的特殊性，形成了自己独特的风格。

一、欧洲旅游与乡村建设融合发展状况

欧洲乡村旅游市场发展较为成熟，主要消费群体是城市中受过良好教育的中上阶层人士，期望在休闲时逃避城市生活的压力。他们对宁静的氛围、乡村生态、当地文化、遗产、美食以及具有特色的住宿接待更有兴趣。欧洲根据地理区划分为东欧、西欧、南欧、北欧、中欧五大区域，每个区域在旅游业与乡村建设发展方面各有特色。

（一）私营农场经济驱动型的北欧芬兰乡村旅游

芬兰南部的伊洛拉农场，因家族名字而命名，是芬兰最早经营乡村旅游的农场之一。伊洛拉农场经营乡村旅游已有 20 余年，占地 90 公顷，整个度假农场的主建筑是一座包括餐厅、咖啡屋、厨房、小商店和小邮局的二层木楼，还有可容纳 80—100 人的餐厅兼会议大厅，农场迄今仍按传统方式种植庄稼，饲养牛、羊、马、猪、鸡、兔等多种家畜家禽。

农场四季开放，许多家庭趁周末或节日到农场享受宁静的田园生活，不少恋人租用农场的老式马车到附近教堂举行婚礼，并在农场度蜜月。暑假期间，常有父母带着孩子到农场度假，一些学校也会在农场组织夏令营，孩子们给牛、羊、兔、鸡等家畜家禽喂食，乘坐马车出游，观看田间耕作，练习骑马和远足。农场内还设有遛马场，每年举办短期骑术培训班。

农场出产的都是生态食品，农场餐厅曾获得芬兰烹调协会颁发的"正宗芬兰饭菜"证书。这家餐厅既能准备芬兰传统农家饭，也能摆出供上百人享用的丰盛婚宴，其招牌菜包括芥末鲱鱼、熏鱼、自制肉丸和烤肉等。农场自制果汁，并自行采摘浆果制作甜食。

伊洛拉农场的游客来自英国、德国、俄罗斯和日本等许多国家，每年都会迎来很多回头客，60 个床位经常爆满。为了更好地经营乡村旅游，农场主参加了乡村旅游企业家培训，用英语、德语、俄语和汉语等多种语言制作了宣传册，还通过电台、报纸和旅游展览会进行宣传，生意做得红红火火。

芬兰有关部门进行的农村调查显示，乡村旅游业是芬兰农村发展最快并最具发展前景的项目之一。目前，芬兰全国约有 2400 个农场从事乡村旅游，乡村旅游的内容也日益丰富。

（二）葡萄酒文化驱动型的中欧匈牙利乡村旅游

东欧匈牙利维拉尼地区以盛产葡萄酒而著名，普通的波尔科尼亚村将葡萄酒和乡村旅游结合起来发展经济，打造出世界闻名的"葡萄酒之路"特色乡村旅游线路。

波尔科尼亚村仅有 108 户人家、370 人，是一个希瓦布人（匈牙利境内的少数民族，属于日耳曼人的一支）的聚居村，村内的教堂、住宅与酒窖都是具有传统民俗特色的文物建筑，村民的房子依次建在村内仅有的一条公路两旁。村民几乎无就业机会，大多数有劳动能力的年轻人被迫前往 20 多千米外的城市佩齐打工并最终迁居市内。

根据村庄的现实条件，1994 年村长贝克·莱奥诺拉女士组织附近地区 5 个乡村的村长，成立了"维拉尼.希克洛什葡萄酒之路协会"，协会负责组织、协调并监督属于这条路线上所有地方的旅游业与葡萄酒市场营销方面的工作。东欧地区国家第一条"葡萄酒之路"就这样诞生了。

早在"葡萄酒之路"开辟之初，为了吸引观光游客，波尔科尼亚村创办了独特的"降灵节酒窖开放节"，到 2005 年已举办过 10 届。每年节日期间，不但有本地民间文艺和手工艺表演，还邀请国内外不少民间艺术团体前来村里演出助兴，并开放本村古老的酒窖迎接游客。游客们花费 1000 福林（约 5 美元）购买一个葡萄酒杯，凭此酒杯即可进入 15 个酒窖品尝当地产的各种葡萄酒。客人找到自己喜爱的品种后，就可当场购买。现在，越来越多的游客从国内布达佩斯等大城市，甚至德国等地慕名前来波尔科尼亚村参加这个节日活动。

由于地理位置偏僻，波尔科尼亚村相对闭塞，但开放意识却非常强烈。在女村长贝克的引导下，村庄为提高旅游方面的知名度不断加强国际联系。如村庄加入了有 10 多个欧洲国家的乡村参加的"欧洲文化村"活动，活动要求每个国家有一个乡村参加。波尔科尼亚村在活动中交流乡村旅游发展经验，并组织村民间的友好互访，成功承办了 2007 年度"欧洲文化村"，吸引了大批欧洲游客。

如今，这条"葡萄酒之路"已形成了一定规模，串联起维拉尼葡萄酒产区的 11 个乡村和城市，维拉尼葡萄酒产区的乡村旅游业逐渐兴盛起来。

（三）自然风光驱动型的北欧瑞典乡村旅游

地处北欧的瑞典，全国陆地的一半以上被森林覆盖，境内湖泊星罗棋布，沿海岛屿比比皆是。优美的自然风光为瑞典发展乡村旅游创造了良好条件。在瑞典，国家规定职工带薪假期每年不得低于 5 周，而且倾向于将长假分成几个短的假期。度假方式的这种变化大大促进了乡村旅游业的发展，使乡村度假逐渐成为许多瑞典人旅游生活中的重要组成部分。

瑞典乡村旅游的最大特点是自有住宿设施的使用。目前，超过一半的瑞典家庭拥有被称为"第二住宅"的夏季住宅。这种别墅式房屋或建在乡间，或建在水边，人们在那里可以远离城市的喧嚣，充分领略大自然的风光。

富有瑞典民族特色的节日成为发展乡村旅游的重要资源。每年 4 月 30 日五朔节（也称烧火节）夜幕降临时，人们聚集在野外点起篝火，伴着乐曲引吭高歌；6 月 24 日的仲夏节，这一天昼长夜短，青年男女欢歌起舞、通宵达旦，庆祝光明和万物繁茂；12 月 13 目是露西亚女神节，传说露西亚女神在每年的这一天夜晚降临人间，给人们带来光明。夜幕降临时，在各地特别是乡村的小教堂，人们静静地等候由少女们扮演的露西亚女神露面，盼望她们带来幸福和光明。

瑞典政府重视发展乡村旅游业，仅在 2006 年就拨款 4 亿瑞典克朗（约合 5200 万美元）作为旅游促销之用。政府通过分布于全国城乡的 500 多个旅游信息中心向旅游者提供信息，中心有专人回答游客的询问，还免费提供城乡导游图和关于旅游景点、文化娱乐、购物、交通和住宿等服务信息的小册子。

（四）贵族庄园驱动型的西欧英国乡村旅游

英国发展乡村旅游以贵族古堡、乡村庄园为主，使其乡村旅游带有浓厚的贵族浪漫气息。在英国，都市仅为一个聚会的场所，或者说是上流人士集中的总部。一年中，他们只在城里度过短暂时光，寻求一时消遣，并在匆匆纵情狂欢后，又返归惬意的乡村生活。英国保守党领袖鲍德温曾经说过，英国就是乡村，乡村就是英国，英国的贵族们乐得做个乡下人。

英国乡村豪华贵族庄园的流行在18世纪和19世纪时达到了巅峰，旧的地主家庭和新兴工业家纷纷在乡村建造自己的乡村庄园。尽管祖先遗留下来的巨额财富已经不复存在，但一些旧庄园主一直以来仍然居住在他们庞大的产业中。现在许多地方都对公众开放，其中一些由国民信托组织和英国古迹署管理。

丘吉尔庄园是英国最大的私人宅院，丘吉尔庄园的中心建筑是布莱尼姆宫（BlenheimPalace，以此纪念布莱尼姆战役），由于面积庞大，参观游客需乘坐小火车游览庄园。丘吉尔庄园始建于1705年，当时安妮女王将牛津附近数百公顷的皇家猎场赐予了马尔伯罗一世公爵约翰·丘吉尔（温斯顿·丘吉尔的祖先），以表彰他在1704年8月击败法军的赫赫战绩。庄园以庞大的宫殿式建筑群布兰姆宫殿为轴心，四周围绕着花园、草场、湖泊，大雁时而悠闲地在湖畔的草坡上漫步，胜利纪念碑洁白的碑体光芒四射，纪念碑前的草坡上绵羊成群，远远望去像朵朵落在草坡上的棉花。这座充满田园气息的大庄园，号称比英国皇宫还美，不少英国人喜欢拿它跟欧洲最大的凡尔赛宫相比。

世界闻名的英国贵族庄园迎合了各国高端消费游客的需求，游客可以在风景如画的乡间感受英国贵族的瑰丽与奢华。

（五）农民利益驱动型的南欧西班牙乡村旅游发展

西班牙的乡村旅游依赖于良好的自然生态条件。西班牙的乡村旅游在1986年前后开始起步，1992年以后快速发展，目前增长速度已经超过了海滨旅游，成为西班牙旅游中的重要组成部分之一。除国内游客外，一些来自欧洲其他国家的国际游客也开始逐步到西班牙的乡村享受与大自然亲密接触的乐趣。

西班牙发展乡村旅游，最初源于20世纪90年代农村部门为适应全球化的冲击，通过政府支持改造农村的基础设施。在这个过程中，农业部门做出了非常大的贡献。从1992年的36家乡村旅馆发展到后来的7000多家，随之村民也逐渐认识到乡村旅游的价值在于让城里的人了解乡村，到乡村接触自然，享受一种不同于城市的另外一种生活方式。因此，西班牙乡村旅游所带来的间接收益明显，如通过开展乡村旅游，农民对城市、经济、政治、生活方式等的看法都会发生变化，农民思想的变化进而带来了社会的变化。

西班牙民间联合体——乡村旅游协会（ASETUR），保持着与政府的良好合作关系，在推进西班牙乡村旅游发展中起着非常重要的作用。它把很多业主自发地联合在一起，超过60%的西班牙经营乡村旅游的业主加入了这个协会。该协会有一个内容非常丰富的网站，网站上有各个会员单位的介绍，游客可以直接在网站上进行预订。协会还把各个会员单位组织起来，通过预订中心、报纸广告和互联网等手段进行统一的营销推广。为保证乡村旅游的质量，协会还自行规定了一些标准，要求会员单位执行。

西班牙政府对乡村旅游的发展比较重视。在西班牙，每一个地区政府都有乡村旅游方面的立法，从立法上确立乡村旅游的地位；西班牙国家和地方政府还就乡村旅游制定了很多标准，其中有一些是必须执行的强制性标准，从而从标准上确保西班牙乡村旅游的质量。如对乡村旅馆，法律就规定必须是具有50年以上历史的老房子，而且最多提供10—15个房间（现在也有一些专门化的划分，如专门接待残疾人的旅馆），开业需要申请，经过政府审核合格，才发给开业许可证。不符合上述标准的将拿不到开业许可证。

政府还通过减免税收、补贴、低息投资贷款（有时仅为1%）等，对乡村旅游给予特定的支持和帮助。贷款主要是用于改善乡村旅游的基础接待设施，有10年的长期贷款，也有在2年以后即开始还款的短期贷款。政府的补贴只用于修缮那些具有50年以上历史的老房子，帮助农民把它们改造成乡村旅馆。另外，政府也会在区域上对乡村旅游进行合理的规划，根据市场需求开展有关方面的建设，以免造成过度的竞争。

西班牙政府还通过技术上的帮助或培训，来引导和促进乡村旅游的发展。在培训中教育当地的农民要懂得保护自身的文化，认识到保护农村自然环境和生态环境的重要性，如果因为发展乡村旅游，自身的文化和农村的环境被破坏了，那将是一件得不偿失的事情。乡村旅游业不能代替农业，否则就失去乡村旅游的本义。土耳其就有一个极端的例子，游客到当地吃的水果、蔬菜等都不是当地种植的，而是从外地购买的，结果使当地的乡村旅游逐渐走向衰落。另外，还要提高当地农民的觉悟和认识，干净、卫生、友好等对发展乡村旅游非常重要。当然，乡村的很多设施如果搞得非常现代化，如不用木材用钢材，不用地板用瓷砖等，原始的东西没有了，发展乡村旅游就不会有持久性。

二、美洲旅游与乡村建设融合发展状况

（一）地方人文景观驱动型的美国西部乡村旅游

美国西部的乡村旅游发展的经验是首先由政府部门牵头制定政策标准，由私有公司制订规划，强调地方政府部门、开发商、管理者和社区居民之间各环节的自然与和谐。在管理上，保证在开发过程中不破坏自然环境，在实现人与自然和谐的同时利用自然环境资源，彰显地方文化。这种以旅游宣传文化、以文化带动旅游发展的模式，将具有地方色彩的文化或具有文化价值的遗迹转化为可供休闲娱乐的人文景观。

典型例子之一是怀俄明州的做法。为了促进旅游业发展，怀俄明州工商委员会全力以赴促进旅游业的发展，紧紧依托著名景点黄石国家公园的旅游资源，在距离该公园约 161 千米的大平原贫困县乡村开发旅游资源。与当地政府合作，利用好莱坞牛仔电影颇受国内外观众青睐的心结，充分发展以牛仔文化为核心的旅游业，确立了怀俄明旅游资源中的"牛仔"形象。尽管当地旅游组织依旧宣传黄石国家公园景观的优美壮丽，但促销者

同时把游客注意力吸引到旷野外那些牛仔聚集的牧场及遍布全州的"广大的开阔地、质朴的自然以及河水溪流的地方"。直到 1998 年，该州旅游促销宣传中都以"牛仔品牌"为特色，牛仔表演具有强大的吸引力，具有传统风格的度假农场四处都是"。除了突出西部牛仔的"真实感"和"神秘感"，促销者们还宣扬牛仔文化，为怀俄明州旅游业增添了一份文化色彩，因而来到怀俄明州的游客"看牛仔放牧是最司空见惯的了"。

牛仔文化与当地乡村旅游业的融合为游客旅游活动增添了颇具文化特色的内容，形成了以牛仔文化为特点的旅游资源。旅游业发展给当地带来了巨大收入，据统计，怀俄明州旅游业价值从 1951 年的 10 亿美元增加到 1978 年近 55.2 亿美元。旅游业成为怀俄明州三大产业之一，产值与批发零售贸易相当，超出农业产值 2 倍多。类似例子在美国西部地区较为普遍，为了树立良好的城镇形象，各地在美化环境、完善设施方面投入了大量财力物力。乡村地区对历史建筑、古迹遗址进行维护和修整，对富有当地特色的文化进行研究和发掘，不仅有效保护了历史文化遗产，使其成为吸引游客的重要资源，大大增加了环境对游客的吸引力，同时也改善了当地居民的生活条件和生活质量。

（二）宗教文化驱动型的北美加拿大乡村旅游

圣雅各布斯（St.Jacobs Village）位于加拿大安大略省滑铁卢市以北 3 千米处，距多伦多 75 千米，人口约 1400 人。圣雅各布斯以传统农业经济为主要特征，村民大多是旧派门诺派教徒，至今还保持着 19 世纪的生活习惯和宗教信仰。圣雅各布斯是当地著名的旅游胜地，每年接待游客几百万人。

圣雅各布斯旅游业兴起于 20 世纪 70 年代。经历 30 多年，这个村子承袭了良好的发展态势。不断有投资注入该村旅游业，旅游项目不断增加、旅游产品推陈出新。1975 年，Stone Crock 饭店开业，不久之后 Snider 面粉加工厂被重新开发，向游客展示传统面粉加工的工艺过程及相关工具，还出售艺术品、手工艺品，成为首批旅游项目。此后，圣雅各布斯的旅游业开始蒸蒸日上。

目前，圣雅各布斯村庄主道的两边汇聚了餐馆、剧院、精品店、礼品店、手工艺作坊、葡萄酒厂等100多处文化旅游景点，村里有多轮单坐马车、老式蒸汽机车，南边有一个汇聚600多商贩摊位的全国最大的农贸集市，及Outlet服装购物中心、剧院，举办各种文化活动，每年都有几百万游客慕名而来。

由于圣雅各布斯很多店铺是"前店后厂"或者"下店上厂"，游客能近距离观看手工艺品的全部制造过程，增加了一种特殊的体验。例如，在一家扫帚作坊里，有年轻人操作老机器扎扫帚，随后出卖。又如一家布艺店的二楼便有妇女剪裁和缝制布艺作品，供游客观看、购买。这些片段是门诺派教徒们普通生活的一部分，并非专为游客而上演。开放的制造过程满足了游客对这一族群的好奇心，真实的场景为城市游客提供了别开生面的体验。

圣雅各布斯的各类产品相互区别，又互相补充。有优美的田园风光、特色建筑等人文景观，有马车、蒸汽机车供游人乘坐，有各种手工制造的生活用品如扫把、地毯、床单可供购买；住宿有多家简易小旅馆（如Bed&Breakfast）、几家乡村旅馆和两个国际品牌酒店（Best Western Country Inn，Destination Inn&Suites），就餐可以去宾夕法尼亚特色菜等小餐馆，还有专售本地蔬果和绿色蔬菜的农贸集市，文化欣赏方面还有一个剧院、枫糖浆博物馆。每一类别的产品和设施为数不多，但却形成了一条完善的供应链，满足每年150万游客的吃、住、行、游、购、娱的需求，1989年产生出1300万加币的消费。从总体上看，这些成百上千的产品同时贴有"乡村"和"门诺派"的标签，形成了强烈的圣雅各布斯特色。

圣雅各布斯从一个走向没落的小村庄转变为每年吸引1000多万游客的旅游小镇，很大程度上归功于开发商们在旅游产品上的创新精神。圣雅各布斯旅游区成为安大略省重要的文化吸引物和旅游目的地，很大程度上要得益于对本土文化的推崇。对本土文化的认同是圣雅各布斯社区安身立命的根本，也是其旅游资源的根本属性。与两个世纪前一样，门诺派居民们的住所还是使用煤油、蜡烛、木材，看不到任何电器。身上穿的是19世纪的服装，用马车来代步，仿佛生活在历史当中。这些习俗和信仰已经内化成当地人的价值观，才使独特的乡村文化代代相传。门诺派宗教信徒的朴素生活给"乡村田园"的美景涂上了浓厚的文化色彩。

（三）农庄牧场驱动型的南美阿根廷乡村旅游

阿根廷拥有大片的牧场、美丽的农庄，著名的潘帕斯大草原牛羊成群，风光旖旎，具有发展乡村旅游业得天独厚的自然条件。为了继续开发旅游业的潜力，保持该行业的高速增长，阿根廷政府从2000年开始，着手制订和推行乡村旅游业发展计划，在全国20个省、44个城市举办巡回展览和专题研讨会议，并向从事乡村旅游的个人和团体提供优惠贷款和补贴，为全国的农牧业生产者提供乡村旅游知识培训。

20世纪末21世纪初，阿根廷大力开发非传统旅游项目，推出了具有乡土气息的乡村旅游计划，并将它同促进农村经济和社会发展相结合，使之成为该国经济发展中的新亮点。阿根廷旅游部门推出的"马背上的阿根廷""南美土著部落""农庄生活""乡村手工制作""乡村美食"以及"乡村节日之旅"等旅游项目内容丰富多彩、乡土气息浓厚，吸引了广大的国内外游客。

此外，还成立了阿根廷乡村旅游网，向所有农牧业生产者敞开大门，鼓励他们加盟。21世纪初，由于阿根廷经济的连续衰退，加上国际市场农产品贸易竞争激烈，阿根廷的农业也处于行业危机之中，乡村旅游业的发展，为农牧业生产者提供了一个良好的发展契机。农业国务秘书处的资料表明，乡村旅游业不仅增加了农牧业生产者的收入，创造了新的就业机会，还大大推动了乡村产业的发展。

以阿根廷南部的圣克鲁斯省为例，从事乡村旅游的畜牧业主们的营业额已经超过了全省牛奶产量总收入的10%，而牛奶生产是这个省最主要的农业收入来源。阿根廷农业国务秘书雷古纳卡认为，乡村旅游业带有家庭色彩，有利于环境保护，有利于带动地方经济的发展，具有广阔的发展前景。他说，当一个农牧业生产者向游客敞开自己家的大门，并与他们共享自己的生活方式的时候，阿根廷的文化价值重新获得升华，同时也使牧民们更加热爱生之养之的土地。

（四）生态旅游驱动型的南美巴西乡村旅游

巴西东北大西洋上的一座主要岛屿——费尔南多—迪诺罗尼亚，对于人与自然共处的问题相当重视，不仅本土人有这样的生态意识，其他飞往此地的游客也都被灌输了这样的思想。游客们需要登记下个人信息，且需在七日之内离开。此外，环保部门还要向每位游客征收8美元作为环保费用，对于居住超过限制天数的游客，环保费用也随之上涨。费尔南多-迪诺罗尼亚在环境保护的基础上，开展了以休闲和娱乐为主的生态旅游。在生态旅游开发中，政府限制入境人数，避免大兴土木等破坏自然环境的工程。除部分生态旅游区外，其余地区均保有本土性和完整性。随着生态旅游的开展，各地的旅游者接踵而至，在迪诺罗尼亚，每天都有400左右的游客慕名而来，110个家庭式旅馆建成投产，高档酒店每日的收入高达450美元。居民活动的区域只占群岛的三分之一不到，剩下的地区全部保留原始的面貌，为了对自然景观的进一步保护，政府还出台鼓励移民的政策。西方旅游者喜欢在海滨度假，古堡海滩针对时间和人数做了相应调整，分批进入且参观时间为30分钟，每批控制在25人以内，上午总共允许100人进入。

在发展生态旅游的同时，游客们也受到了精神上的洗礼。一些生态旅游组织倡导游客与自然和谐共处，促进当地的经济发展。凡是旅游回来的巴西游客，均对具有环保理念的生态旅游赞不绝口。

三、亚洲旅游与乡村建设融合发展状况

（一）民族美食驱动型的韩国乡村旅游

韩国在 20 世纪 60 年代以前还是一个以农业为主的国家，之后经济略有起色，韩国开始向中等发达国家转型，大多数人口涌入城市，只留下不到 10% 的人口从事农林牧渔行业，而这样的人口布局恰恰为乡村旅游业的发展奠定了基础。在韩国经济蓬勃发展和城市化进程加快的同时，乡村旅游也逐渐展开。

韩国农林部、农村振兴厅、农协中央会等农业相关部门相继推出了"体验绿色农村""传统主题村落""民或农庄"等对农村旅游开发有利的政策。韩国政府也明确了支持农村旅游开发的态度，为了保障非农的收入、尽快脱贫，对所开发的旅游项目提供了大量资金扶持，并且出台了一系列乡村旅游政策。

基于韩国乡村旅游的现状，农林部决定推出将生态环境、信息化、农业培训、旅游综合起来的高端农村旅游项目[①]。为了适应新的旅游消费理念，满足广大游客的消费需求，韩国乡村旅游不断推陈出新、革故鼎新，向个性化、特色化方向发展，将乡村的独特山水和深厚的文化底蕴融合在一起，推出了海滩、小溪、瓜果、民俗、山泉等主题模式，结合当地特色风俗节日，例如"鱼子酱节""泡菜节"等让游客充分感受当地的文化；品尝当地的美食，参观韩国餐桌礼仪；双休日时让游客们进入农庄或农场感受采茶的乐趣，体验生活。

（二）乡村酒店驱动型的泰国乡村旅游

泰国充分发挥乡村旅游的综合带动效应，带领农民摆脱贫困，扶持农民开展旅游业，自己创业就业，积极利用旅游资源带动内需。乡村旅游发

[①] 国家旅游局. 发展乡村旅游典型案例 [M]. 北京：中国旅游出版社，2007.

展在泰国国王的倡导下，将景观、旅游、文化和人才相结合，坚持"适度经济"的原则，朝着"绿色与幸福社会"的目标迈进。乡村旅游不仅以单纯的观光为主，还融合传统风情，提升乡村旅游的内涵，让外来游客置身其中，带来更高效的经济收入。

当前，临近海滨的乡村酒店以其特有的景观和优惠的价格，成为乡村旅游的重点开发项目和经济增长点。许多对旅游市场持乐观态度的本地居民，在泰国中南部华欣以南的广大海滨地区修建特色酒店，为喜爱热带海滨阳光的西方人、度蜜月的夫妇情侣、厌倦了喧嚣来寻求宁静的城里人提供驻足之地。在这片净土上，游客们感受着明媚的阳光、遍布的奇花异果、悦耳的鸟叫虫鸣，重要的是，游客只需要支付非常优惠的价格，就可以享受到轻松愉快的假期。例如：一家名叫 MALAI-AS 的乡村酒店，总投资约合人民币大约为 500 万元，以其优惠的入住价格吸引了大量游客，因此，仅用不到十年的时间就赚回了成本。

随着乡村酒店的发展，村庄旅游业也渐渐有所起色，许多海边晒盐场、红树林滩涂拾贝吸引了大量游客前来参观。最著名的有塔普斯干村的椰壳加工厂，游客在这里可以参观到椰子由刚采摘到被加工成成品发往各地的整个过程，其中，一些特殊的工序如：外壳剥离、内瓤剖取、打散碾压等造作性很强的步骤受到了游客们的夸赞。许多渔村抓住商机，都在自家开设银鱼作坊，通过向游客展览制作工艺、销售银鱼来赚取收入。男人们提供劳动力，出海捕鱼，而妇女的任务就是对海产品进行加工，加工过程大致分为四个阶段：通过大笊篱将小银鱼从作坊中捞出、清水浸洗、用开水焯、最后以在纱床上曝晒结束整个加工过程。全程操作较为简单、绿色环保、无异味、零添加。

（三）观光休闲驱动型的日本乡村旅游

日本的乡村旅游发展已近半个世纪，占据了乡村旅游的"半壁江山"，被称为"绿色旅游"，成为世界上很多国家发展乡村旅游的样本和典范。日本乡村旅游的份额已经占到旅游市场的一半以上，具体可分为两类：观光娱乐和休闲度假。

以观光娱乐为主的项目主要有：时令果园、休闲农庄、花卉水果等农林牧为主的景观，这些景观大多分布在城郊和空旷偏远的地区，游客可以远离尘嚣，来到这一片乐土享受田园乐趣。其中，70%的时令果园主要分布在甲信越、关东等地，且80%为私营，其余为"农协"共管。农场主和经营者们从实际出发，根据自身经济实力、实际情况、市场取向和技术能力对所经营的产品种类进行了选择。

日本乡村的休闲度假是将休闲旅游融入生态环境中去，为游客提供别具特色的度假体验。其中，休闲农场极具代表意义，将农业生产、消费、和休闲旅游统一起来，一般以开展生产瓜果、蔬菜、茶蚕等农作物为主的综合多种自然资源的特色鲜明的、专业性较强的农场为主。其次，还有较单一的、专业性很强的农业活动区，如：草原区、花卉区、森林区、景观区、服务区、活动区等，不仅让游客利用假期充分体验生活，同时还增长了农业知识。

日本的乡村旅游起步较早，早在1970年日本政府就出台了扶持农业旅游的相关政策。乡村旅游有严格的条文规定，例如：就山村振兴的基本问题，咨询委员会在"山村振兴和开发计划"中做出了明确表示："山村地区将长期承担保护日本自然生态环境的责任，为社会经济的发展作出贡献"。就算是独立经营的农家住宿也要遵循《酒店法》①的规章制度。

四、大洋洲旅游与乡村建设融合发展状况

（一）多方参与驱动型的澳大利亚乡村旅游

澳大利具有得天独厚的自然风光，是典型的"畜牧业国家"，其农业资

---

① 慎丽华，森豪利，郝艳萍. 中日韩三国"绿色旅游"的理念与现状 [J]. 中国海洋大学学报：社会科学版，2006（04）.

源丰富，交通发达，随着家庭轿车的普及，澳大利亚也掀起了一股乡村游，许多人慕名前去，来往游客络绎不绝。

澳大利亚日渐成熟的乡村旅游离不开政府和旅游管理部门的支持还有广大民众的热情参与，如今，澳大利亚已列入世界上乡村旅游发达的国家之一。地方政府旅游管理部门向当地人民展示各种旅游信息，各种旅游团体和组织相继出现。

信息中心利用互联网技术，以图像、声音的形式向当地人民展现旅游注意事项、景点信息、重大活动，例如"赶牛大行动"、安全事项和景区注意事项。[②]

为了生态环境的可持续发展和旅游资源的保护，政府部门和许多乡村旅游的经营者们都开始重视生态旅游资源的保护，通过广泛征求民意，制定颁布了相关的法律条文，加强执法力度，例如：大堡礁绿岛公园的一枚贝壳都属于公物，游客不能随身带走，否则会被处以罚款。在法律和自我认识的双重规范下，澳大利亚的乡村旅游朝着可持续方向发展。

为保障乡村旅游可持续发展，社会各界纷纷为乡村旅游生态资源的保护献计献策，许多科研机构和知名大学开展游客调查、对市场进行分析辨认并开展专业的生态旅游培训组织，为乡村旅游提供了信息和人才支持。社会公益组织也纷纷云起，通过传媒等手段向社会各界广泛宣传，起到积极的推动作用。

（二）影视效应驱动型的新西兰乡村旅游

现实中的霍比特村（Hobbiton）与影片中描述的一样，是一片纯净迷人的世外桃源，坐落于北岛的一片名叫玛塔玛塔（Matamata）市的小村庄里，《指环王》电影也多次在这里选景拍摄。这里有延绵起伏的山峦、青翠欲滴的牧场、充满魔幻色彩的酒馆、古老神秘的峡湾、错落有致的湖泊等自然景观，还有充满欧洲浓郁风情的新西兰北岛的乡村小镇"夏尔国"。

---

② 　余绍华.借鉴澳大利亚的经验发展乡村生态旅游 [J]. 昆明大学学报，2005（16）.

专业人员在这里搭建电影的拍摄场景，让本来不为人知的霍比特村在荧幕上亮相，吸引了世界各地的人前来参观。每处旅游资源的设计都独具匠心，将影片中的剧情和生活场景与旅游活动项目紧密结合，例如：比尔博和巴根（Bilbo&Baggin）的家、派对树（Happy tree）、可爱的地洞木屋等特色景点，霍比特村让游客们流连忘返，除特殊节假日和拍摄占用之外，霍比特村都聚集着来往的各地游客。

在弗罗多的家乡夏尔（Shire）可以看到翠绿的山坡、其间点缀着明镜般的湖泊、石头拱桥、林间小路等，游客们可以在小矮人的家——可爱的地同木屋里过上美美一夜。

游客们如果感到疲累，可以在神秘的夏尔咖啡店（Shires RestCafe）稍作停留，喝上一杯甜丝丝的冰冻咖啡，除此之外，还可以享用一顿午餐或是晚餐，结束后会有专门的巴士在外等候，夏尔咖啡店以其神秘的气息和惬意的装饰成为旅行者们的必经之地。

新西兰的首都——惠灵顿，是主要港口、政治、商业中心，是沟通南北两座岛屿的重要桥梁，整个城市依山建筑，仅有一面临海，群山环绕，阳光充沛。位于惠灵顿地区的多塞炮台，场景布下的跃马旅店，是电影中的一个重要场景——巫师甘道夫和弗罗多会合的地点。

湛蓝见底的瓦卡蒂普湖依傍于奥塔哥西部的连绵山脉，在这里，有著名的皇后镇——精灵王国罗斯洛丽安森林的主要拍摄场景。在这里，弗罗多告别精灵女王，开始了他的孤独冒险旅程。来到皇后镇，快艇和高空弹跳等极限运动是必玩项目，而阿蒙汉顶点、白色山脉、迷雾山脉、布鲁南渡口和奥斯吉力亚斯山顶也是游客们的必经之地。

可以说，电影产业的发展在很大程度上促进了旅游业的进步，《指环王》和《霍比特人》问世以来，新西兰的游客人数上涨了13%，其风光文化家喻户晓。

五、非洲"旅游＋乡村建设"发展现状

随着非洲战乱的平息，非洲局势逐渐趋向稳定，大部分的非洲国家开始寻求经济的可持续发展。结合非洲当地的自然资源与文化资源，选择发展旅游业成为许多非洲国家的首选。从现如今的效果来看，选择旅游业是正确的。从最初的游客比例以非洲大陆人占所有游客的70%到如今的30%，这个数值体现的不是非洲本土游客数量的减少，而是国际游客的迅速增加。虽然这一增长趋势在2014年埃博拉疫情暴发时迅速下跌，但在总体上非洲旅游业发展是积极地。与之同时，积极强劲的发展势头也要归功于非洲各国政府的强力支持。

近年来，非洲旅游业的发展也带动了新型"旅游业＋乡村建设"经营模式的产生，但有趣的是，这种经营模式的经营者只有小部分是非洲本土居民，这主要归结于非洲经济的发展水平还无法满足非洲个体经营。另一大半的经营者分别为欧美个体、非政府组织（协会、机构）和以保护环境为己任的多边组织。虽然大部分的前期投资资金是从前文提及的多边组织和国际慈善机构获得，但值得一提的是，大部分的旅游公司会选择将营利所得和所受捐赠的资金用在当地乡村建设上来，其中包括自然环境的保护，基础设施的完善。从某种程度上来说实现了"三支一扶"的建设。支持农业发展、支持乡村医疗建设、支持乡村基础教育建设、从而达到扶贫的效果。近几年，这种经营模式在非洲已逐渐普及起来，"旅游业＋乡村建设"的经营模式已被非洲旅游业和政府所认可。

（一）东非肯尼亚的野生动物园

众所周知，非洲大陆除了有成片的沙漠景观外还有丰富的热带雨林风光和大面积的草原。沙漠、草原、雨林多样的自然风光也为动植物提供了多样且舒适的栖息地，再加上自然保护区的成立，人为破坏的痕迹少，动植物在这里得以繁衍生息。据有关统计，非洲动植物种类多达四万余种，

其中还有大量的珍奇动物。在非洲大陆仅鸟类就有四百多种，这其中还不包括雨林深处和沙漠腹地不为人所知的存在。因此"动植物王国"的名号，非洲当之无愧。

非洲国家也懂得抓住这一优势发展旅游业，其主要方法是成立自然保护区，建立野生动物园，让游客在不影响动物自然生态圈的前提下观赏自然，享受自然风光。同时给生物学家、动物观察员提供研究野生动物生活习性的场地。像东非的肯尼亚、坦桑尼亚等国家是该模式较优秀的代表。

自 1963 年 12 月 12 日肯尼亚独立以来，旅游业得到迅速的发展。如今，肯尼亚被评为"举世闻名的非洲新兴旅游国家"，旅游业已成为肯尼亚国家发展的支柱产业，其外汇收入占全国比例仅次于农业出口。

拥有得天独厚的自然条件是肯尼亚发展旅游业的巨大优势。沿海的平原地带形成四百多千米的海岸线，游客可尽情地欣赏印度洋的壮阔；除沿海平原外剩余的地势皆为高原，平均海拔在 1500 米。世界奇观东非大裂谷将高原切开，一分为二。中部矗立着肯尼亚最高峰肯尼亚山，海拔 5199 米；肯尼亚西部还有非洲第一大湖维多利亚湖。但是将自然风光与肯尼亚另一特色相比人们更加渴望后者，它就是肯尼亚的天然野生动物园。在肯尼亚，野生动物是受到政府出台的法令所保护的，野生动物园保护区为动物们提供了自由自在的不被人类影响的生存环境。丰富的动植物资源加上合理有效的保护，让肯尼亚野生动物园闻名世界。如此罕见的自然风光加上丰富的野生动植物资源，肯尼亚如何不令人向往。

不光光是合理运用现有资源，肯尼亚在很多软服务上也是下足了工夫，在动物园中创新参观方式，游客可以选择徒步欣赏丛林景观，也可乘坐观光车观赏动物，更甚之可选择乘坐热气球从高处观察动物。在住宿方面，除了普通的酒店，民俗外，肯尼亚旅游企业推出了"树顶酒店"，顾名思义，在树顶上的房子。住在"树顶酒店"可以欣赏到树顶上的森林风光，还可以观察到树下动物们的夜间生活，进一步的融入大自然，体验不一样的夜晚。这些奇思妙想的创造和它们的成功，都为其他国家处于发展中的旅游行业提供了学习经验，靠山吃山，通过当地特有的资源创造出独具特色的旅游行业。

（二）北非突尼斯的沙漠绿洲

近年来，撒哈拉沙漠国家开始利用沙漠开展旅游事业，抛开金字塔这类人文景观不说，单纯的欣赏沙漠景观的旅游开始走进人们的视野。走进撒哈拉大沙漠，你会发现，沙漠并不是你所想象的那样荒芜。在沙漠旅游，看到的必然是遍地的黄沙，但在撒哈拉沙漠，你就会有惊奇地发现，遍地黄沙中掺杂着星星点点的绿洲，这不是海市蜃楼，是真实存在的，有植被，水流和生命的绿洲。这是因为近年来突尼斯等撒哈拉沙漠国家对沙漠绿洲进行维护和治理的成效。绿洲治理的成效同时也为突尼斯等国家带来了旅游业的发展，两者循环互助，成就了今天的突尼斯。

突尼斯位于非洲北部，濒临地中海，是航运的重要枢纽。这个国家分布着大大小小的古文明遗迹，旅游行走至每一处都会让游客有所收获。其遗迹的丰富程度也让许多考古学者和历史学家趋之若鹜。突尼斯是少见的沙漠，海洋，丛林，古文明等元素集一身的国家。自 1956 年三月法国承认突尼斯独立开始，突尼斯开始寻求发展，政通人和、百废待兴的现实，让突尼斯政府决定将旅游业纳入国家发展之计中。发展至今，取得了不可小觑的成就。旅游业的发展为突尼斯解决了大量劳动力的就业问题，共解决就业岗位多达 10 万。城市中遍布星级酒店和政府修建的旅社，所提供的床位数量多达 8000 张。其旅游业带来的外汇收入仅次于石油出口，位居第二。

随着周边国家旅游业的发展，突尼斯旅游总局决定谋求新的发展机遇，解决淡季旅游业缺口，于是提出了在冬季进行的沙漠绿洲旅游计划，并同时进行"撒哈拉联欢节"来吸引夏季避暑的游客，打响沙漠绿洲旅游的知名度。撒哈拉狂欢节每天都会举办不同的民俗活动和民俗节目，与之并生的还有沙漠市场，沙漠市场的创建类似于古代的驿站，顾客可以在这里挑选自己喜爱的纪念品和特产。

撒哈拉联欢节的每一个环节都充满了突尼斯当地的风土人情，列队行军的开幕式；带有民族韵味的传统舞蹈，身穿当地服饰的妇女儿童在人群中鼓舞游客一同参与；观赏当地独有骆驼比赛，大口咬下美味多汁的烤羊肉，玩累了与三两好友结伴在绿洲散步，欣赏沙漠的落日余晖，何尝不是一种幸福。

六、国外"旅游业 + 乡村建设"驱动发展模式的特点分析

（一）融合驱动发展与因地制宜

全球一共有 194 个国家，每个国家都有其独一无二的民族特色与人文风光。最初他们通过大自然的馈赠，孕育出自己所独有的文化并代代相传。到如今，他们结合其独有的人文风光与自然环境相融合，开拓了旅游业新领域，同时促进了乡村建设的发展，走出了独具特色的融合驱动发展模式。他们的成功，为我国旅游业的改革创新提供了方向与经验。在此，本节收录了部分国外旅游业与乡村建设相结合，驱动创新发展的范例，见表 3-1。

表 3-1　国外旅游与乡村建设融合驱动发展方向

代表国家	融合驱动发展方向
芬兰	私营农场
匈牙利	葡萄酒文化
瑞典	自然风光
英国	贵族庄园
美国	人文景观
加拿大	宗教文化
韩国	民族美食
日本	观光休闲
肯尼亚	野生动物

（二）乡村旅游以提高农业资源附加值为主，"三农"地位不动摇

发展旅游业与乡村建设相结合的融合驱动模式，必须以农村现有的农业资源为基础。乡村现有的农业资源包括：自然风光、民风民俗、农庄牧

场人文风光等。乡村旅游业是在此基础上对农业资源进行包装，提高其附加值从而吸引游客的一种旅游方式。在包装和赋予其附加值的过程中，并没有与农村、农业、农民三者相冲突的地方。就现有的外国乡村旅游业来参考，其开发只是对农业资源在休闲娱乐领域的功能进行提升，在一定程度上提高其经济价值。因为他们的改革方向大多是休闲度假村，所以没有以牺牲农田、农业生产和农业文化为代价。

（三）全面规划，有序发展

李克强总理说过："市场经济是法治经济，也应该是道德经济。"一个企业想要做大做稳，必须要有法律来进行约束、要有行业准则来进行自我衡量。放在乡村旅游业上是一样的。通过准则和法律在企业经营、管理、基础设施建设和服务领域等方面进行约束，来确保乡村旅游业的顺利发展。在政府的管理领导方面，我国可以向美国和加拿大学习，简政放权，给当地职能部门一定的空间，让他们结合本地的实际情况，因地制宜，建设出既有特色，又符合消费者口味的旅游产品。从而实现当地乡村旅游业的蓬勃发展。与此同时，职能部门也要尽到更多的职责，权力越大，责任也就越大。对现有的农业资源负责，不能为了迎合消费者的喜好而做出破坏农业资源的行为；对乡村的自然环境负责，不能为了寻求初期的利益而忽略对环境的保护；对村民和游客负责，加强对入驻企业的审查，规范消费市场，保障村民和游客的利益；对乡村未来的发展负责，科学规划土地资源，合理利用农业资源，制定完善的开发制度，全面规范，有序发展。

（四）提供就业岗位，改善民生问题促进当地经济

如何吸引居民参与到乡村旅游建设中去，是当地政府在开发时面临的问题之一。想要居民参与首先要政府部门的积极宣传，政府的宣传是敲门砖。待宣传使得居民对此有了足够的了解后，参与就变得容易起来了。例如日本乡村水上町一个被称为"农村公园与工匠之乡"的地方。传统产业

与新兴产业并存，其民俗培育园吸引了日本各地手工艺者来此谋生，当地的居民也开始学习起手工艺制作。18世纪90年代末到19世纪20年代初，每年来这里游玩的游客突破40万人，给当地居民与政府带来巨大的收益。

（五）多方关注，互助前行

在国外乡村旅游业发展成功的案例中我们不难发现，政府、非政府组织、乡村旅游企业三者缺一不可。政府提供法律保障和政策保障，乡村旅游的宏观管理、行业管理、市场规范和经营自律等；非政府组织对乡村旅游业的发展提供了坚实的保障和信息技术的支持；乡村旅游企业为乡村旅游带来了系统的营销知识，提供了形式多样的旅游产品，促进了乡村旅游业的成长。

第二节　国内旅游与乡村建设融合发展特点

我国地域辽阔，就国内旅游来看，可以划分为以下几个区域：东部、中部和西部地区。为了对国内旅游与乡村建设融合发展有一个较为全面的了解，有必要深入分析这些地区部分代表性省市的旅游产业的发展，兼顾乡村建设，实际情况客观评价，把这些地区的国内旅游与乡村建设的典型案例和取得的优秀经验总结出来，以便各地区相互借鉴，共同发展，促进国内旅游借助乡村的建设开辟一个新的前景。

一、东部地区旅游与乡村建设融合发展

中国东部地区主要指的是沿海发展带。相对比较来看是经济最发达的区域，特别是沿海的一些大城市人口密度大，城市建设快，经济发展相对好，新兴领域宽，吸引了大量的人才。这些省市由北向南涵盖辽宁、北京、天津、

河北、山东、上海、江苏、浙江、福建、广东、广西、海南，以及港澳特别行政区和台湾地区。沿海形成了几大非常有影响力的城市带。比如渤海湾城市群，东海湾城市群，南海湾城市群。沿海的港口城市还建设成年吞吐量亿吨的码头，促进国内国际贸易的发展，带动经济跨越发展。比如大连港、烟台港、连云港、宁波港、厦门港、广州港、香港、高雄港、三亚港等国际性港口。沈阳，青岛，上海等城市发展成国际性大都市。

在东部沿海地区，集中了中国工业化的优质资源，展现了新的成果，以改革开放为契机，把农业的发展进程不断推进，形成了由慢到快，再匀速发展的新格局。人们的认识也由传统农耕转移到生态农业上，并开发乡村体验式的生态旅游。虽然这使部分农民进入小康生活水平，但是我们也不能忽视地区差异造成的不平衡性。我们不容忽视的问题是，普遍存在乡村的建设落后于城市的发展。乡村需要发展，最初乡村旅游于20世纪80年代中期开始在东部沿海发达地区发展起来，可以成为最初的"农家乐"旅游，是乡村旅游的雏形阶段。主要出现于大城市周边的近郊，形式以休闲游玩为主，没有统一的标准，特色也不明显。后期不断改进从而逐渐壮大起来。近几年，北京、上海、山东、海南等省市形成了配套比较成熟的乡村旅游体系。

东部地区旅游业的起步比较早，具有接待能力强的特点。东部地区旅游业的发展有着客观的有利条件。如雄伟的泰山景区，儒家文化传承的孔府、孔庙等独特的文化载体以及景色优美的自然资源，都是旅游开发的有利条件。东部地区在20余年的旅游发展的过程中，开发出了许多具有特色的旅游产品，吸引了国内外大量旅游群体，其旅游产品在国内旅游市场具有明显的竞争优势。该地区针对不同旅游者，开发不同的旅游产品。有观光、游学、培训、度假、医疗保健、商务旅游等旅游产品，满足了不同需求的客户。其中，文化底蕴深厚是东部地区旅游产业发展建设中的一大特色，乡村旅游的发展与深厚的文化底蕴密不可分，并以丰富多彩的生动形式恰当地表现丰富的文化内涵。东部地区旅游业经过多年发展已经形成成熟的旅游市场。

东部地区不但名胜古迹众多，名山大川也多，具有独特的地域文化，而且数不胜数的历史名人给我们留下了丰富的文化遗产。这些都成为很好的资源，是塑造品牌的重要手段。被誉为没有围墙的博物馆的文明古城——浙江绍兴，是一座具有 4000 多年文化积淀和近 2500 年建城历史的古城。绍兴名人辈出，如鲁迅故居、秋瑾故居、蔡元培故居、三味书屋、青藤书屋等，可以将历史名人的故事与城市发展历史有机地结合起来。同时，还可以名人的故事为热点，把有关这些名人的书籍作为开发的旅游产品，推向旅游市场。名人与文化相协调为促进东部旅游业的发展起到突出作用，利用古镇依托传统书画文化也可以使旅游与文化相得益彰。绍兴是独具特色的桥乡、名士之乡、酒乡、美誉的江南小城。通过深度挖掘其隐性的可开发资源，设计各种特色的旅游产品，吸引了大量国内外游客。如古越文化游、绍兴水乡风情游、古采石遗景游、山林生态游等，精心打造了江南水乡的别具一格。除此之外，还展现了水上社戏、古桥鉴水的越地风情的特色体验游。东部地区的乡村旅游结合了当地独有的文化人文历史，走上一个新台阶。

东部地区的名山大川不乏驰名中外的名茶。茶文化是中国传统文化的一部分。东部地区的乡村旅游建设把茶文化引进到旅游中来，以茶文化为底蕴促进了当地乡村旅游的发展，使乡村旅游产品具有丰富性，特别吸引喜好中国茶叶的国外友人。在众多名茶之中，西湖龙井是人尽皆知。它出产于浙江杭州的西子湖畔，当地具有千年历史的龙井茶文化也延续至今。相约的游人，一边欣赏特色美景，一边品茶听琴，感受丰富的文化内涵。茶与文，文与道相得妙趣。各种与相关的茶道表演等，让游客体验反客为主的感受，使乡村旅游项目备受游客欢迎，使当地的旅游经济在文化搭台，名茶引味，的发展中不断创新。

东部地区独特的民族文化传统与乡村旅游发展取得了很好的融合效果。各省市结合民族文化资源形成了各具特色的省（市）内旅游线路。如辽宁的东北雪乡游，东北的冬捕节，让游人感受东北的特色饮食文化，将热情与粗犷完美融合。东部地区结合当地乡村建设发展实际情况，开发了具有娱乐性和参与性的乡村旅游产品系列。娱乐性、参与性是旅游产品的特色标志，旅游者全身心地投入到旅游活动中，在娱乐和参与中，通过亲身体验活动的过程，使游客身心愉悦。不但感受到当地的特色文化，而且获得了难以忘却的旅游经历。如山东游蓬莱、登州水城，海上观望夫崖。除此还有极具体验性的出海渔猎活动，如打牡蛎、拾小海螺、抓螃蟹等；在娱乐的同时还可以向同渔民讨教养殖扇贝、螃蟹的技术，可谓收获颇丰。晚餐，将一天的收获在渔民指导下进行烹饪，品尝由自己捕捉的海鲜，体验了劳动的快乐；还可以参与打结缆绳扣、织补渔网等活动、了解渔家民俗风情等。东部地区的特色体验文化游蓬勃地发展起来，深受游客的欢迎。

东部的乡村旅游重点放在休闲游上。不仅城市有休闲游，乡村更具有开发休闲游的条件。东部地区在休闲旅游产品的开发中已有成功的探索，如杭州宋城集团。宋城集团开发建设的旅游休闲景区达二十多万亩，占地两千多亩的世界休闲博览园正在建设中，它是一个集旅游、休闲、度假、商务、居住于一体的全新休闲度假社区，由世界著名设计师设计，包含最顶尖的休闲度假村模式。宋城成为休闲游的典范，打造了"中国旅游休闲业第一品牌"，引领了中国休闲游的新的模式，推动了东部地区乡村建设和旅游项目的融合发展。

（一）北京市乡村旅游发展

北京市作为东部地区旅游与乡村建设融合发展的典范，是发展比较成功的案例，具有借鉴意义。2013年的《北京市休闲农业与乡村旅游发展报告》对北京市乡村旅游发展进行了总结。报告认为在国家政策的支持和指引下，北京市郊休闲农业与乡村旅呈现出了产业形态多样、项目质量逐步提高、资源利用趋于集约集群发展的特点，而且开发模式呈现出不断创新的特征。

第一，产业形态日趋多样。最初的乡村游就是简单的农家生活体验游。比如"吃农家饭、住农家院、摘农家果"等。随着旅游模式的不断变化，游客的需求在发生着变化，旅游的模式也趋于适应游客的方向转变。具体来说就是向休闲农庄、休闲农业等多模式发展。休闲旅游的功能也日趋丰富起来。从总体来说，就是功能多样化、形态融合化、服务综合化。

第二，项目质量逐步提高。北京市周边的乡村建设项目，质量一直都在逐步提高，目的是为了满足现代乡村旅游的需求。一些大项目的落实启动，带动了北京周边旅游产业的发展，其综合效益大幅提升。国际性的集团项目在进行旅游项目建设时，融合国际流行，能够做到与时俱进，突破创新。带动周边的旅游经济上一个新台阶，达到新高度。如蓝调庄园、紫海香堤等一批农业创意项目，将文化与科技农业有机结合，让人耳目一新。

第三，资源利用趋于集约。由于北京地区土地资源相当有限，成本相对投资高。在这种情况下，北京地区的休闲农业项目不能粗狂型，需要朝精致化方向建设和发展，也就是所谓的集约型。北京乡村旅游的发展走精致化、特色化的道路，适合北京当地的实际情况，并取得了不错的成绩。

第四，集群发展被普遍认同。乡村旅游如果要找到适当的出路，必然要依靠区域分工、资源整合、产业合作，走相互融合的道路。单靠一两家的成功很难生存发展形成一个产业链，才是生机无限。所以在北京地区，城郊农民意识到，旅游项目不可能依靠一个区域全涵盖，应该通过与周边的园区、相邻村庄等合作来实现。政府应在把握全局的角度，合理规划和建设来满足旅游的全面需求。北京地区关注到这一重要策略，通过资源整合和整体包装，将民俗旅游村、观光休闲农业园区与景区（点）等串联起来，满足游客多元化需求。形成特色明显、资源互补、利益联结紧密、的集群式乡村旅游，取得了一些成效。

第五，开发模式不断创新、融合。北京地区的乡村旅游的发展，不是单纯通过传统的开发模式，而是结合当地乡村的一些基本情况，进行全盘布局，综合开发。从开发的主体上看，由原来的以农户经营为主，转向合作社，同时增加社会资本参与建设等。向投资主体多元化、股份社会化、经营专业化方向发展。北京地区的乡村游通过发展乡村旅游合作社，提高

了民俗户在资源开发、市场开拓等领域的发展能力。多元、联合的特点给北京的乡村游的发展带来新的契机

第六，建设空间布局日益合理。北京地区最初的乡村旅游，主要依附于一些著名的景区，如十三陵周边的采摘园、十渡景区周边的农家院等。随着乡土文化、农业文化本身魅力的挖掘，在一些没有著名景点的地区，也建设出了大量的乡村旅游、休闲农业项目。乡村旅游项目的建设发展以星火燎原之势有很大的空间。

北京的休闲农业与乡村旅游呈圈带状分布在城市周边，旅游产业的建设结合资源特色因地制宜。近郊平原区自然山水资源贫乏，以农业产业自身为载体，以特色农产品为主导，以观赏游览、体验农业作为主要方向，高科技农业观光园、农业主题公园、垂钓场、温泉度假村、生态餐厅，以及市民租契农园等项目得到了较快发展。远郊平原和丘陵地带农业资源非常丰富，民风古朴，以观光采摘园、休闲农庄、健康疗养、农村文化体验等为主。远郊山区则结合丰富的自然风光、长城遗迹等旅游资源，特色采摘、民俗旅游、森林度假等项目得到了发展。北京周边带状乡村旅游群根据地理位置的不同优势，集中最具特色的发展旅游经济，事实证明是行之有效的，促进了乡村特色的发展，带动了北京旅游业的发展。

北京市作为东部乡村旅游发展的典范，旅游和乡村建设融合发展取得了很好的成绩，获得了很多宝贵的经验。其融合的过程中，体现出乡村景观化、形态多样化、项目创新化、投资多元化、营销信息化等特征。北京的乡村旅游建设和发展坚持以需为导向，以创新为动力，以发展为基础，以特色为手段，以改善并提高农民生活水平为基本点。

（二）上海市乡村旅游发展

上海是世界六大城市之一，具有很高的国际声誉。位于长江入海口的上海市位置得天独厚。上海港吞吐量居于世界第一。就像一颗明珠镶嵌在蜿蜒的玉带之上。上海作为直辖市，乡村旅游建设融于大力开创社会主义

新郊区的建设中。因此，上海发展乡村旅游的重点放在休闲农业与乡村旅游的协调发展上来。城市的郊区地带主要分布在上海的 10 余个区县。1991 年上海市的乡村旅游开始起步，到 2002 年，建设成 72 个观光休闲农业景区（点），以郊区的"农家乐"旅游为主打品牌，发展迅猛。从 2005 年起到 2008 年，上海郊区已经建成农业旅游景点 30 多处，共有 7 条农业旅游线路建成并投入使用。在上海乡村旅游发展同时，传统农业向生态休闲功能转变，乡村建设和旅游发展开始融合，形成了观光农业园区、观光农业基地和观光农业镇等多种业态。

上海市乡村旅游的发展，给本地农民创造了就业机会，增加了农民收入，带来了经济效益。此外，乡村旅游使农业资源得到深度开发，调整和优化了农业结构；扩大了农副产品的销售市场，带动了相关产业的发展；实现了农业和旅游业的结合，两者间实现了优势互补。

上海市乡村旅游发展，给当地带来了很好的社会效益。通过旅游基础设施的配套建设，改善了农村生活设施条件，提高了农民的生活质量；保护和改善了农业生态环境，美化了农村人居环境；增强了城乡间的交流互动，提高了农民现代社会意识；通过培训和接待服务，使农民摒弃不良习惯，形成了文明的乡风，推进了农村精神文明建设；通过激发农民的民主、法制和政治意识，推进了农村政治文明进程。总之，上海市通过发展乡村旅游，加快了农村社会建设。

上海市在乡村旅游发展过程中，不仅保护和发展了当地传统文化，还促进了不同文化的交流，实现了文化的多元化。发展乡村旅游对上海城郊农村来说，为城乡一体化创造了有利条件；对农业来说，促进了农业产业结构调整，拓宽了农业生产的内涵和外延，发挥了农业在生态保障、观光休闲、文化传承方面的特殊功能，促进了与国际接轨的科技农业；对农民来说，更新了观念，扩大了就业，增加了收入。总之，在大环境下实现了多元融合。

由于上海是直辖市，这使它具有特殊性。在上海建设社会主义新农村的概念已经转变为建设社会主义新郊区。因此，乡村旅游的概念在上海地区实际上指的是郊区乡村旅游。发展郊区乡村旅游，是推动上海新郊区建设的一个重要举措和重要动力。政府重视，政策扶植，招商环境优越，这些有利条件都让上海郊区乡村旅游的发展前途非常光明。给上海发展郊区旅游，增加农民收入，提高区域竞争力开创一个新途径。

（三）山东省乡村旅游发展

山东省乃古时的齐鲁之地，是儒家思想的发源地，有着悠久的历史文化，民风淳朴儒雅。山东省深厚的传统文化与几千年的传统农耕生活是密不可分的。广大农村居民的生产生活，都为乡村深厚的文化起了积淀作用，为当地乡村旅游的发展打下了坚实的生活基础。山东省作为一个农业大省，在农业上也有着丰富的资源。山东省优质的农产品输出到全国各地，甚至远销到国外，并呈现逐年递增的明显趋势。省内各种丰富多样的地貌，孕育了丰富的物产资源。如烟台苹果、胶东大白菜、胶东海鲜、莱阳梨、肥城桃等名优经济作物的种植养殖历史悠久，在国内外驰名已久。另外，山东作为我国最主要的农业大省，将科技引入农业、创造性地采取集约化结合产业化的生产模式，形成现代化大规模种养殖基地。主要的亮点在于村村有特色，乡乡有产业，镇镇有供销，网络实体相结合。与此同时，有着得天独厚的农耕文化为底蕴，有着勤劳淳朴的山东人，再加上政府的扶持，发展特色乡村旅游是有着坚实的基础的。

早在上个世纪 80 年代，山东乡村旅游发展的巨大潜力就显现出来，山东旅游局对此非常重视。经过不断地更新发展，到目前已经形成一定的规模。与此同时，围绕发展社会主义新农村建设，围绕增加农民收入，改善农民生活条件，促进农村经济发展，山东省政府大力推进乡村旅游发展。乡村旅游发展带来的积极效应激发了广大农村、农民和企业发展乡村旅游的积极性。农民采取区域联合、特色联合、供销联合方式，参与乡村旅游建设，本地企业家也纷纷投身到乡村旅游发展中，很多新的旅游形式被开发出来。乡村旅游的快速发展带动了整个乡村的建设。山东省的乡村旅游建设快速地发展起来。

（四）海南省乡村旅游发展

海南省最近几年不断招商引资，以当地的生态环境为依托，大力发展特色旅游，形成了以服务东北人固定客户群的乡村旅游平台。特别是冬季，大量东北人携家带口常住海南，躲避东北的严寒。这些季节性流动的大军带来了海南旅游业的繁荣，促进了当地经济的增长。政府大力发展文明生态村的建设，使文明生态旅游成为最具特色的典范。自2000年起，海南文明生态旅游开始起步，全省陆续建有文明生态村12000个，50%自然村都被建设成了文明生态村。海南的生态文明游在发展的同时，也暴露出一些问题需要改进。如有的盲目机械性地照搬硬套，缺乏特色的千篇一律；有的名不副实，没有真正形成乡村的生态农业，存在破坏当地地形地貌的不可取之处；有的缺乏管理，比较混乱，让消费者失去了信任。即使存在诸多亟待改进的问题，应当肯定的是海南的文明生态村建设，在凝思求变中确实发展了海南的经济，带动了乡村的配套建设，使乡村的面貌发生很大的改变，农户的生活条件也得到了大大提高。乡村旅游同文明生态村的有机结合，融合发展，成为海南乡村旅游的新亮点。

二、中部地区旅游与乡村建设融合发展

中部地区包括山西、安徽、江西、河南、湖北、湖南六省份，地处中国内陆腹地，位于长江和黄河中游地段，起着承东启西、连南接北、吸引四面、辐射八方的作用，全区土地面积为87.07万平方千米，占全国的9.1%。总人口3.61亿人，占全国人口的28%，其中农村人口占全国人口的1/3。

中部地区坚持"三个基地、一个枢纽"建设，即粮食生产基地、能源原材料基地、现代装备制造及高新技术产业基地和综合交通运输枢纽。加强以武汉城市圈、长株潭城市群、环鄱阳湖城市群、江淮城市群、中原城市群等为核心的重点区域开发，实现重点区域率先崛起，进而带动整个中部崛起。该区旅游资源十分丰富，交通区位优势突出，经济基础也较雄厚，

具有很大的发展潜力，为将旅游业培育成为该区第三产业的支柱产业奠定了良好的基础。

中部地区的旅游资源开发潜力巨大。从全国旅游资源大分区来看，中部地区地跨中原古文化旅游资源区、华东园林山水旅游资源区和华中名山峡谷旅游资源区的结合部，是一个集山水自然景观、宗教朝圣景观，以及中原古文化人文景观于一体的旅游资源荟萃之地。旅游资源在全国占有突出地位，列入王牌旅游景点和黄金旅游热线项目数量均在全国前列。该区中低山地、丘陵覆盖面积大，特别是皖南、赣南、湘西、鄂西及大别山地区是国家级、省级森林公园和自然保护区分布的主要地区，具备发展以回归自然为主题的生态旅游、探险旅游、休闲度假旅游和乡村旅游的良好基础。在国家中部崛起规划的政策背景下，随着环境保护、可持续发展、低碳生态经济等理念和政策的提出与应用，中部地区的乡村旅游迎来了大发展的良好契机。

由于乡村旅游与其他形式的旅游有一些明显的区别，中部地区的乡村旅游的开发和利用结合了自身的特点，有针对性地把旅游和乡村建设看作一个整体，结合起来融合发展，其特点可以总结为以下四个方面。

第一，中部地区的乡村旅游发展结合当地乡村旅游发展面临的实际问题，借鉴了发达国家的成功经验，对症下药，使乡村旅游呈现出新的发展态势。首先，把发展乡村旅游纳入解决农村问题，推动农村持续全面进步的战略范畴，从政策层面进行有效推动。其次，突出强调保持乡村自然人文环境的原真性。乡村旅游与其说是在乡村空间里旅行，还不如说是在乡村概念中旅行。乡村魅力对于都市人群来说，或许并不是换一种"地方"，而是换一种体认"价值"，这一点在中部的乡村旅游发展中得到了充分体现。中部地区参考法国、日本等一些旅游发达国家，在进行乡村旅游资源开发和规划时，非常重视在原有的一些遗址上进行复原和整修，尽可能保持其传统的、旧式的、古董的、原貌的民俗景点或博物馆，使之成为乡土式的综合博物馆。最后，中部地区的乡村旅游客源从区域性向跨区域、国际化方向转化。乡村旅游在起步阶段，一般以近郊旅游为主，客源为附近城市居民，区域很狭窄。随着乡村旅游产业规模的扩大，主要的乡村旅游目的地日益注重品牌建设，加大了宣传促销的力度，客源构成趋向多元，一些知名的乡村旅游目的地吸引了中远程的国内游客及境外旅游客源。乡村旅游的国际化随着全球化进程的加快而加快。中部地区很多省市在乡村旅游的发展中，融合了国际化发展和建设思路，取得了一定的成效。

第二，中部乡村旅游结合生态旅游，走可持续发展道路。乡村旅游是在返璞归真、亲近泥土的市场需求下兴起和发展起来的，强调的是乡土味、自然味和原生态，本质是生态旅游。中部地区在发展乡村旅游的过程中，旅游管理部门重视防止标准化、商业化和城市化对"乡村性"的侵蚀。地方政府加强管理和引导，在建筑风格改造、公共厕所、停车场、垃圾处理、清洁能源等方面都严格控制，保持乡村气息，把公共设施设计成与乡村性和谐的形式，如"麦秸垛"式的停车场、豆棚瓜架下的餐厅、拱顶绿坡式的垃圾场，等等。为防止乡土文化的丧失，政府机构积极参与，对旅游环境意识进行有效的宣传，培养接待地乡村居民对当地社会和地方文化的自尊、自爱和自豪感，让乡村居民明白：农耕文化从社会发展阶段来说是落后的，但"人与自然和谐共存"的生活方式是人类共同向往的生存状态和生活时尚。

第三，中部的乡村旅游重在发展新型旅游项目，增强旅游体验性，开发高质量高层次的乡村旅游产品。中部地区在乡村旅游项目开发中通过丰富、生动的体验项目来满足游客的个性化旅游需求，如笨猪赛跑、野鸭放飞、松鼠散果等动物表演，以及田间放羊、放鸭、果园采摘、烧柴做饭、农家喂猪等特色农家劳作。同时，设计一些能使游客沉浸其中的深度体验项目，如推出"当一天农民""做一回渔夫"等旅游项目，让游客最大限度与当地居民接触，了解与自己完全不同的生存方式。另外，中部的乡村旅游还通过开发高质量的乡村旅游产品来适应市场，带动、引导市场需求向高层次发展。例如，在平安村、镇山村、周庄等乡村旅游目的地都表现出了"阳朔现象"的苗头。同时，中部地区在现代科技农业观光产品中，通过加强科普教育，使游客在旅游休闲的同时获得现代农业科技知识；通过开辟生态农业区，为游客提供参与活动的充分空间，培养扶植生态农业接待户，以旅游经济的拓展来保证生态农业发展；在文化旅游资源丰富的老少边贫地区，通过加强开发区的文化含量，增加度假型、参与型旅游产品的开发，适应国际市场日益扩大的需求。

第四，中部地区在乡村旅游发展中通过强调"人"的因素，不断建设系统全面的服务人员培训体系，提高服务质量和水平。相关部门通过规范调整，强化旅游服务意识，提高当地乡村旅游接待的整体水平。通过认真挖掘和总结地方民俗文化和风土人情，加强对本土民俗文化和风土人情的培训，突出服务的"特色"。使乡村旅游与当地民俗风情和乡土文化实现有机结合，让中部乡村旅游文化品位和服务档次得以提高。

总之，在国家中部崛起规划的政策背景下，中部地区特别是安徽、河南等的乡村旅游走与生态旅游、文化旅游相结合的可持续发展道路，营造了良好的生态环境，同时强调挖掘民族文化中丰富的内涵，开发出了具有中国特色的乡村旅游项目，乡村旅游与乡村建设在融合中不断发展。

（一）安徽省乡村旅游发展

安徽省旅游资源十分丰富，其中60%以上在农村，80%的游客都是到安徽省参加乡村旅游项目。安徽省有世界自然和文化双遗产的黄山、佛家胜地九华山、革命老区大别山，中国四大淡水湖之一巢湖等风光秀美的山水旅游资源；有明清古村落宏村和西递、农村改革发源地小岗村等著名历史文化村镇；有砀山梨园、长丰草莓园、大圩乡十里渔场等乡村田园风光，迪沟生态园、合肥大圩都市农业园等现代农业风貌；有当涂民歌、巢湖民歌、花鼓灯等民间音乐舞蹈，有徽剧、庐剧、黄梅戏等传统戏剧，有徽州三雕以及宣纸、徽墨等民间工艺。安徽省的乡村旅游充满了自然和历史的魅力，是整个中部地区乡村旅游发展的重要省份。

早在 20 世纪 90 年代，安徽省就在全国率先开展了"旅游开发扶贫"工作，涌现出黄山翡翠新村、颍上八里河等一大批"旅游富民"典型。经过多年发展，安徽省乡村旅游逐步形成了景区依托型、都市依托型、交通枢纽型三大发展模式。从发展情况来看，皖南地区青山绿水、古迹众多，当地农民逐渐从"靠山吃山"转为"念好旅游经"，是景区依托型的代表；合肥周边的大圩、长丰、肥西等地依托"省会经济圈"的天然优势，打响草莓节、桃花节、葡萄节等乡村旅游品牌，是都市依托型的代表；合铜黄、合淮阜、沿江高速公路的沿途农户依托交通优势，兴办"农家乐"，是交通枢纽型的代表。目前，安徽全省已有"农家乐"旅游点 347 家，优秀旅游乡镇 201 个。仅 2009 年上半年，全省乡村旅游接待游客就达 1646.7 万人次，乡村旅游收入 50.97 亿元，乡村旅游新增吸纳就业 83320 人。从 2008 年起，全省开始推进乡村旅游"525"工程，即建设 50 个旅游强县、200 个优秀旅游乡镇和 500 个特色乡村，促进乡村旅游的快速发展。

（二）河南省乡村旅游发展

河南省是我国的农业大省，也是我国农村人口最多的省份之一，全省共有近 5 万个村庄，乡村旅游资源十分丰富，是中部地区乡村旅游发展较好的省份之一。该省乡村旅游资源与产品类型较丰富，其中发展比较好的类型主要有两种：一是乡村自然风光型，即乡村自然资源优势突出的地方，如洛阳栾川、济源、焦作、新乡等地；二是现代新农村型，即农村现代化建设比较好的地方，如"红色乡村"临颍县南街村、新乡市凤泉区耿庄村等。从地理分布上看，河南省乡村旅游景点主要分布在三个区位：一是都市郊区。如省会郑州市环翠谷、洛阳市南村、新乡市凤泉区等；二是风景名胜区的周边。如"中国农家宾馆第一村"的重渡沟、养子沟度假山庄七星园；三是边远贫困地区。如平顶山鲁山县四棵树乡张沟村、安阳的滑县等。在三个区位中景点分布最多的地方是城市郊区，如郑州、洛阳、新乡等大中城市的郊区。

河南省地处北亚热带和暖温带，地形大致分为山地、丘陵、平原（含盆地）三大类型，拥有丰富的农业资源和多姿多彩的民俗风情。复杂的地形条件、明显的过渡性气候，黄河、淮河、海河、长江四大江河水系的滋养，使全省形成了各具特色的农业生态类型及景观区域组合。动植物资源丰富多样，盛产苹果、梨、桃、枣、葡萄、樱桃等多种温带水果和各种蔬菜及花卉，形成了各种生产示范基地。结合这一特点，河南大力发展庄园式乡村旅游，并把互动式休闲农业活动融合到了乡村旅游项目中。河南农业文化不仅地域特色明显，风格各异，而且乡土气息浓厚，民俗风情多姿多彩，对城市游客有着强烈的吸引力。

河南省乡村旅游发展的陆空交通便利，区位优势明显，给乡村旅游提供了重要的物质基础条件。河南省位于中国中东部，连南贯北、承东启西，是中国内陆交通运输的重要枢纽。铁路、公路、航空等交通条件一应俱全，四通八达的公共交通加上城市居民私家车的普及，为乡村旅游的发展奠定了坚实的物质基础条件和广阔的市场空间。

河南省在发展乡村旅游的过程中，摸索出乡村旅游与新农村互动发展模式，其发展趋势是主题化、休闲化、人文化和科技化。主题化，鲜明的主题有助于形成比较突出的市场形象；休闲化，居民日益增长的休闲需求推动观光农业休闲化发展；人文化，体现地域文化内涵、民族历史性、艺术品位；科技化，运用现代科技手段创造千姿百态的观光农业产品。

（三）湖北省乡村旅游发展

湖北省乡村旅游发展迅速，已成为湖北旅游热点，伴随着乡村旅游需求的日益升温，全省主要乡村旅游景区景点已基本形成了食、住、行、游、购、娱为一体的产业综合发展体系。同时，在农村环境整治和基础设施完善的过程中，乡村旅游接待水平也有很大提高，乡村旅游在产品类型和产品层次上也有了纵深发展，从过去单一的观光游览和餐饮娱乐产品形式，向观光度假、民俗宗教、购物娱乐、绿色生态、文化科教等多功能融于一体的产品格局发展。随着湖北省社会主义新农村工作的不断推进，湖北省乡村旅游环境得到了优化，各项配套服务设施也逐步得到了完善，各地政府通过主动发挥旅游产业优势，努力与社会主义新农村建设相结合，做到了旅游产业与乡村建设融合发展。

（四）湖南省乡村旅游发展

湖南省生态旅游资源丰富，人文历史悠久，文化产业发达。省内多山，地势南高北低，山地和丘陵占全省总面积的 2/3。湘西少数民族众多，拥有世界自然遗产区张家界，以及五岳之一的南岳衡山，自然景观众多，人文景观林立。由于历史原因，湘西众多的苗族和土家族村寨得以保留，形成了独特的原生态少数民族文化景观。在这些民族村寨中，处于原生状态的文化遗产与乡村自然环境相辅相成，对游客充满着神秘的吸引力。在长株潭工业化、城市化程度较高的地区，有沉淀深厚的湖湘文化传统，广大的乡村地区有众多历史人文景观，面向城市居民的休闲、度假型旅游有很大的潜在市场。

湖南的乡村旅游大致可以分为三种模式，即依托城市的城郊型农家乐模式、依托大型景区的乡村观光与体验型模式和依托特色村寨及其群落的乡村深度体验型模式。依托城市的城郊型农家乐模式定位于为城市居民提供休闲的"后花园"，如益阳市开发的"竹乡农家乐""湖乡农家乐""渔乡农家乐""樵乡农家乐"等农家乐旅游产品系列。在竹乡农家乐旅游产品中，突出"做客竹乡农家，亲近美好自然"的主题，吃的是竹宴，用的是竹家具，观的是竹海，购的是竹制品。这类模式一般为周末一日游或二日游，具有群体比较固定、重游率高、市场营销周期短等特点。

依托大型景区的乡村观光与体验型模式主要是依托成熟景区的知名度设计乡村文化旅游项目，让游客在观赏知名景区的同时体验具有浓郁特色的地方乡村风情，如湖南的德夯风景区的德夯村和凤凰、张家界风景名胜区。德夯壮美的自然景色、恬静的田园风光、独特的苗族民俗文化和农耕文化与张家界世界自然遗产形成优势各异的旅游资源富集区。

城市居民热衷于"乡情"和"乡念"体验催生了依托特色村寨及其群

落的乡村深度体验型模式。湖南省境内有很多本土文化保存完好、村寨周围环境宜人的村寨及其村寨群落，为湖南省发展体验式乡村旅游提供了很好的条件。如岳阳市的张谷英村、永顺县的王村古镇（又名芙蓉镇），这些地方通过保护性利用和开发，使历史文化资源和乡村旅游很好地融合在了一起。这种类型的旅游开发建设依托民族文化、地方历史文化的深厚积淀，一方面可以吸引探秘、求知欲强的城市居民参与，另一方面可以开展境外游客的乡村深度体验旅游，市场潜力巨大。湖南省为保护村寨及其群落的文化遗产免遭破坏，依托乡村旅游的文化资源、环境资源，根据个性化的消费需求开发不同消费层次的旅游产品，同时严格遵循保护优先的原则，制定了相应的规划和设计标准。

三、西部地区旅游与乡村建设融合发展

西部地区包括重庆、四川、贵州、云南、广西、陕西、甘肃、青海、宁夏、西藏、新疆、内蒙古12个省、市和自治区，国土面积538万平方千米，占全国国土面积的56%；目前有人口约2.87亿人，占全国人口的22.99%，是我国少数民族聚集的地区。西部地区疆域辽阔，经济落后，环境污染小，加之地形以山地、高原、丘陵为主，宜林（草）地广阔，林海莽莽，山石奇特，水草秀美，蓝天白云，旅游资源十分丰富，从沙漠绿洲农业到草原牧业，从平原种植到山区立体农业，从池塘、水库养殖到特色种植，一应俱全，可以满足发展形势和内容多样的乡村旅游产业。此外，西部地区还是少数民族聚居区，多姿多彩的民间传说、民间工艺、居住文化、服饰文化、婚嫁习俗、祭祀文化、耕作文化等都具有潜在的旅游价值，对希望了解中国传统文化的境外游客具有巨大的吸引力。西部地区大气、水土相对洁净，农产品多为无污染的绿色食品，在旅游与乡村建设的融合过程中，以农业为依托发展旅游，利用农舍、田园、果园加以美化修饰，使乡村旅游资源开发成本相对较低，成为西部地区乡村旅游开发的经济优势。

西部地区是经济欠发达地区，全国尚未实现温饱的贫困人口大部分

分布于该地区，农村贫困人口高达 1.64 亿人，占全国农村贫困人口的 48.18%，贫困县 366 个，占全国贫困县的 61.8%，是需要加强开发的地区。发展乡村旅游作为西部地区实现农村繁荣、农业发展、农民增收的西部大开发重要目标的主要手段，成为西部农村经济发展新思路和西部农村经济结构调整的新途径。西部地区有丰富的乡村旅游资源，乡村旅游的发展无疑会为西部经济的发展提供新的亮点。西部乡村许多原住民村寨本身就是一座座人文生态博物馆，具有很大的旅游开发价值，但旅游开发很有可能破坏原有的人文生态，从而失去民族民间文化的独特个性。有鉴于此，西部乡村旅游开发应坚持既要进行充分的开发利用，又要保护好人文生态的保护性开发的基本原则。

总的来说，与其他地区相比，西部地区区位条件和旅游资源开发价值参差不齐，旅游基础设施建设也比较滞后，乡村旅游发展形成了明显的西部特点，其中四川和广西较为典型。

（一）四川省乡村旅游发展

四川省是我国的农业大省，以占全国 4.8% 的耕地满足了占全国 6.7% 的人口的食品需求。由于拥有良好的生态及旅游资源优势，随着城乡统筹建设的深入推进，乡村旅游产业的发展尤为迅速，形成了良好的以乡村旅馆、特色餐馆、观光农园、民族风情体验、乡村度假酒店、生态农业古村古镇为主的乡村旅游业态，在发展乡村旅游方面前景广阔。20 世纪 80 年代初，成都市开始发展农家乐旅游，成为中国较早开发乡村旅游的地方。四川的农家乐主要分布在大中城市郊区，广泛分布全省，就整体而言，四川农家乐为游客充分展示了川西坝子特有的田园风光、民习风情和古老的巴蜀文化，具有浓郁的"川味"；就局部而言，它又依自然条件和区位的不同，形成风貌各异的特色类型，包括农家园林型、花果观赏型、古迹民俗型、特色饮食型、特色手工艺型、自娱自乐型、农业科技型和特色主题型。如成都郫县的农科新村在四川最早开设了农家乐旅游项目，把花卉农业产业化与观光农业有机地结合在一起；内江的长坝山桃花观赏和森林旅游已粗具规模；白贡三多寨的桃花、梨花颇负盛名；乐山的城市农业初露头角；仁寿曹家乡的梨花会，兼有观光和招商的功能；位于西昌市近郊的邓海太阳岛渔村，颇具地方特色。作为"中国农家乐发源地"的成都，从2004年6月1日起实施《农家乐开业基本条件》和《农家乐旅游服务质量等级划分》两项地方标准后，各地的农家乐纷纷响应，积极依据该标准对农家乐进行改造和整治，已有一大批优秀的星级农家乐涌现出来。自从农家乐开始出现，四川省很快就成为全国农家乐旅游发展最快的省份之一，农家乐已遍布四川省的21个州市。

四川乡村旅游的发展主要分三个阶段：第一个是自发阶段，1987—1991年，规模小，较分散；第二个是规模阶段，1992—2002年，规模逐步扩大，功能逐步完善，分布趋于集中。在郫县农科新村的带动下，成都周边乡村纷纷发展"农家乐"旅游，从事旅游接待的农户迅速增加；第三个是规范阶段，从2002年至今，旅游氛围比较浓厚，旅游特色更加突出，旅游规范标准逐步建立和完善。

目前，四川乡村旅游的发展又呈现三种不同的特点：一是城市依托型，依托大城市就近的客源市场，利用农村、农园的自然生态和乡村文化，从吃、住、游、购、娱等多方面满足城市居民周末休闲度假的需求；二是景区带动型，以重点旅游景区为核心，把旅游景区的部分服务功能分离出来，吸引和指导周边乡村的农民参与旅游接待和服务，从而带动景区周边乡村的旅游住宿、餐饮、购物及配套服务，拉动农副产品、土特产品销售，带动旅游景区周边农民就业和收入增加，形成旅游景区和社区经济的互动发展；三是特色村寨型，以特色村寨的生产生活、生活方式、民情风俗、宗教信仰及各种传统节日为特色，吸引广大游客和研究者前来观光游览、娱乐、学习以及研究。

四川省为促进乡村旅游的发展，一直在实施乡村旅游提升行动。一是扶持民族地区乡村旅游发展，培育民俗特色浓郁、服务质量规范的民族旅游接待户，鼓励和扶持民族地区发展"牧家乐""藏家乐""彝家乐"，启动"百千万"牧（农、林）家乐工程。二是推动"农家乐"等乡村旅游标准化管理。开展星级农家乐等级标准制定、评定工作，在基础较好的地区评定一批星级农家乐，并争取将星级农家乐等级标准上升为地方标准。三是开展全省乡村旅游发展的示范建设，全面推动乡村旅游的提档升级。在部分基础条件好、发展潜力大的城市郊区，如成都、眉山、遂宁等城市周边，探索并支持建设 1 ~ 2 个省级乡村休闲度假旅游区，打造特色乡村旅游度假。四是加强旅游人才培训。组织以乡村旅游、藏家乐、普通话、外语、卫生健康、烹饪技术、接待礼仪等旅游服务实用知识和基本规范等为主要内容的培训。五是进一步强化全省乡村旅游的品牌形象宣传，进一步提高各地乡村旅游产品的市场影响力和吸引力。此外，四川还拟打造形成环城市"天府农家"、川西"藏羌风情"、川东北"苏区新貌"、攀西"生态农业"、川南"古村古镇"五大乡村旅游板块，实现从分散粗放的传统"农家乐"向集约精细的乡村度假型转变，从单纯的农户经营向多元化投资经营模式转变，从比较单一的乡村观光旅游向观光与休闲度假并重转变，努力开创乡村旅游发展的新局面，真正实现"以旅助农""以旅促农""以旅富农"。

与西部其他地区的乡村旅游相比较，四川乡村旅游具有以下特点：第一，政府主导作用突出。各农业旅游点在逐步发展壮大的过程中，政府的积极引导和宏观规划起到了重要作用。此外，通过政府投入少量启动资金与公司合作等方式，有效带动民间投资近亿元，带动了农业旅游的发展，取得了明显的经济效益。第二，四川省的乡村旅游发展的富民增收效果明显，经济效益和社会效益突出，"农家乐"成为四川省地方经济新的增长点，也成为贫困地区农民致富的重要手段和重要的经济来源。各地通过积极发展农业旅游，不仅促进了农村经济收入的增长，更加促进了农村精神文明的进步。第三，通过节庆活动大力推动乡村旅游，同时很好地宣传了乡村，吸引了大批的乡村建设项目。节庆活动成为主要宣传推广的渠道，省内各农业旅游点一般利用花木、果木生长期适时通过举办"梨花节""桃花节"等活动提高知名度和影响力，吸引广大游客前往。节庆活动的成功举办有力地促进了农业与旅游的有机结合，提高了知名度和影响力，大大地推动了农业旅游的发展，促进了农村建设。

（二）广西乡村旅游发展

广西 80% 以上的旅游资源在农村、山区和少数民族地区，发展乡村旅游有着得天独厚的优势。近年来，广西通过创建全国农业旅游示范点，大力发展乡村旅游，丰富旅游产品类型，带动了农副产品向旅游商品的转化，改变了农村经济落后的面貌，促进了传统农业向旅游农业、传统农民向旅游从业者、传统居住型乡村向旅游接待型社会主义新农村的转变，使乡村旅游真正成为富民、惠民、利民工程。如崇左市龙州县金龙镇板池屯村，山清水明，竹木茂盛，"美女泉"一年四季汩汩涌流，泉水清幽而甘甜，有着浓厚而独特的壮族风情；独特的壮族侬侗节丰富多彩，村民们在辽阔的田野上，弹着天琴、吹着啵咧、敲打着龙凤锣，吸引了大量的海内外游客。

在发展旅游业过程中，广西通过认真处理旅游业发展中利益相关者的关系，积极引导农民参与旅游业，转移农村剩余劳动力，增加非农收入，融合的思想贯穿始终。经过多年的发展，广西已创建一批乡村旅游示范区、农家乐旅游点，直接从事农家乐旅游的农民已达数万人，这些乡村旅游示范区（点）、农家乐旅游点每年接待游客数以万计，给当地的旅游业带来了极其丰厚的回报。随着广西乡村旅游产品的丰富，旅游发展方向从单一走向多元，已形成了六类乡村旅游产品：①农家乐，如恭城红岩瑶族村；②民俗文化村寨，如宾阳蔡氏书香古宅；③集观光、体验、购物于一体的农园，如南宁乡村大世界；④高科技农业观光园，如广西八桂田园；⑤依托乡村名胜开展乡村旅游，如龙胜平安乡的平安壮寨，借助龙脊梯田稻作为文化景观；⑥融合当地乡村民族风情开展的乡村旅游，如阳朔高田镇栀村等；一批乡村旅游精品线路不断面世。目前，乡村旅游已成为广西旅游开发的一大特色，成为广西旅游业的品牌。社会主义新农村建设战略为广西的乡村发展明确了方向，即生产发展、生活宽裕、乡风文明、村容整洁、管理民主。乡村旅游发展作为当地建设战略一部分，得到了政府、企业和农户的积极响应。通过乡村生态旅游，并使之具备游戏、休闲、教化、医疗、美化环境等综合功能，这是对工业化、城市化进程的一种转变，这是工业化、城市化和农业现代化高度发展以后对新时代农业的一种探索，旅游与农村建设融合发展成为旅游发展的新模式。当地乡村旅游业发展，摒弃了传统农业的掠夺生产模式，注重人与自然的和谐共生，推进资源的永续利用，实现了经济效益、社会效益、环境效益、生态效益的统一。

（三）云南省乡村旅游发展

云南省地处中国西南边陲，北回归线横贯南部。全境东西最大横距864.9千米，南北最大纵距900千米，总面积为39.4万平方千米，占全国陆地总面积的4.1%，居全国第八位。全省土地面积中，山地约占84%，高原、丘陵约占10%，盆地、河谷约占6%，平均海拔2000米左右，最高海拔6740米，最低海拔76.4米。云南东部与贵州省、广西壮族自治区为邻，北部同四川省相连，西北隅紧倚西藏自治区，西部同缅甸接壤，南同老挝、越南毗连，与泰国、柬埔寨、孟加拉、印度等国相距不远，自古就是中国连接东南亚各国的陆路通道。云南省与邻国的边界线总长为4060千米，有出境公路20多条，15个民族与境外相同民族在国境线两侧居住。从整个位置来看，北依广袤的亚洲大陆，南连位于辽阔的太平洋和印度洋的东南亚半岛，处在东南季风和西南季风控制之下，又受西藏高原区的影响，从而形成了复杂多样的自然地理环境。其复杂多样的地理环境、特殊的立体气候条件、悠久的历史文化和众多的少数民族聚居（不少是跨境少数民族和直过少数民族），以及现代化建设相对滞后，形成了有别于东部和中部地区的多元乡村聚落。特别是优越的气候条件与良好的生态环境使云南成为四季皆宜的旅游天堂，对国内外旅游者具有很强的吸引力。

乡村旅游的发展对带动云南农村建设和旅游业的可持续发展有着特殊

作用。利用农村的优势资源多形式发展具有休闲、观光、度假等多功能的乡村旅游对带动农民增收，改善农村基础设施，保护和传承民间文化，促进农村文明建设都具有重要的经济意义和现实意义。伴随着全省旅游业的快速发展，云南积极探索和实践发展乡村旅游的路子，大体上走过了以下三个发展阶段。

第一个阶段为自发发展乡村旅游阶段。20世纪80年代，随着云南旅游的起步发展，云南乡村旅游开始起步，首先在旅游发达的地区产生，当地农民依托旅游景区的发展自发参与旅游业，如昆明石林旅游风景区旁边的五棵树村、大理蝴蝶泉边的周城、西双版纳的曼景兰村、德宏瑞丽的大等喊村等。当地农民通过为游客提供民族风情体验、民族风味美食品尝、乡村民居旅馆体验等各种各样的乡村旅游活动，既丰富了当地旅游景区的旅游活动内容，又促进了脱贫致富。

第二个阶段为倡导发展乡村旅游阶段。进入20世纪90年代后，云南旅游进入培育支柱产业的发展阶段，在政府的倡导和指导之下，云南乡村旅游进入了快速发展时期。1992年，省政府在西双版纳召开旅游发展会，提出积极发展边境旅游、民族文化旅游和乡村旅游；1994年，省政府又在滇西北召开现场办公会议，提出依托自然景观、民族文化、村寨特色，加快发展以体验自然风光、领略民族风情、感受乡村民俗为内容的观光旅游；1995年，省委、省政府做出培育旅游支柱产业决策之后，又于1997年召开全省五旅游区规划会议，并把乡村旅游作为重要旅游产品，提出要积极开发和发展。在政府的积极倡导和推动之下，全省乡村旅游迅速发展，到90年代末期涌现出了一大批具有一定规模的乡村旅游点，如昆明西山团结乡的"农家乐"，香格里拉县的"藏民家访"等，促进了旅游业的快速发展。

大力促进乡村旅游事业的开展是第三个重要阶段。自从迈入2001年，我国人民群众的生活水平和家庭收入水平都获得了极大的提升，旅游已经成为人民日常生活中不可或缺的文化盛宴。尤其是近年来，旅游活动种类日趋丰富，给乡村旅游产业的开展提供了无限的商机。为了更好地开展乡村旅游产业，云南省政府于 2000 年在全省举办了旅游发展会议。仔细总结了前期乡村旅游发展的经验，提出要在原有经验的基础上，利用好自身特有的民族旅游资源优点，促进旅游产业的开展，帮助少数民族地区的人民群众摆脱贫困，加快产业结构改革的步伐，为乡村地区旅游产业的开展提供有力支撑。

历经多年的培育、开发和完善，目前的云南乡村游已经获得了质的飞跃，发展态势突飞猛进，尤其是"假日旅游"的开展，发展前景更是一片光明。"农家乐"是具代表性的，截至 2008 年，云南全省范围内已经有 16 个城市超过 7100 农户开展了"农家乐"，经济效益非常可观，帮助众多农户提升了生活品质，腰包鼓了，日子红火了。农家乐是云南的新型旅游活动，广受国内外游客的好评和喜爱，本省居民更是乐在其中。乡村旅游是为了适应市场的需要而逐渐发展起来的，是云南旅游产业的一道亮丽风景线。

因为云南省内的乡村地质形态、自然环境、人文色彩各有差异，所以，对于乡村旅游的发展模式也是大相径庭，目前一共形成了依托客流市场的"农家乐"发展模式、景区带动型发展模式、依托资源优势的乡村组织型发展模式和综合开发型发展模式四大模式。

基于客流量因素的农家乐模式，选址是比较重要的，因为它要考虑交通是否发达，人流是否众多等因素，所以，通常它主要设在城乡结合的乡村或者接近景区的乡镇。负责经营的农户要严格按照相关管理准则进行特色食宿接待服务。资金投入少，经验难度不大，风险系数小，收益快捷这是农家乐模式具有的优势，所以，在农户中的欢迎度极高。

景区带动型发展模式，主要以重点旅游区为中心点，发挥乡村、田园的特色优势，借助少数民族地区的风土人情、民族风俗，将旅游区的些许服务功能剥离开来，引导周边乡镇的农户积极地参与相关接待服务，帮助他们摆脱贫困，推动地区经济快速增长。大型旅游景区服务范围比较广，例如丽江的石鼓镇、黄山镇，石林县的五棵树村、宁蒗县泸沽湖的落水村等就是景区带动型发展模式的真实写照。

　　乡村组织性发展模式主要是借助民族地区特有的资源上风，基于乡镇的生态环境、风土人情、特色建筑等资源优势，由政府全权统领，开展市场化的经营方式，招商引资，以政府规划的旅游模块为基础，进行组织性、合理化的运营服务，推动旅游产业的大力发展。这种公司＋农户型的发展模式，主要的针对群体就是特色化乡村，借助招商引资的方式，吸引资本雄厚的大企业进驻，对该地区的公共设施和环境进行合理的规划和建设，积极引导农户开展食宿等服务，定期组织农户进行民族活动，打造富有特色化的乡村旅游产品，从而吸引国内外的游客，例如丽江市引进昆明鼎业集团对束河古镇进行保护、开发和改造；腾冲县引进柏联集团对和顺镇进行整体保护、升级；西双版纳橄榄坝农场投资对 5 个傣族村寨进行整体开发、包装和经营等。

　　综合开发型发展模式主要以具有丰富旅游资源的县（市）为目标，由政府全权负责开发、改造和建设，资金由政府承担，大力开发重点景区，吸纳社会资金进行接待服务建设工作，积极指导农户参与其中，推动旅游产业发展。元阳县是一个具有强烈吸引力的乡村生态旅游区，它以宏伟壮丽的梯田景观为基础，并且融合了当地的风俗人情。香格里拉县的特点是清洁的湖泊，广阔的牧场，独有的藏族风情。吸纳社会资金和当地村民投资旅游开发、建设和接待服务，形成在国内外享有盛誉的"香格里拉"生态旅游度假区。

　　对于以旅游强省为目标的云南省而言，保护开发传统村落，不仅是生态文明建设的必然要求，也是宣传云南的新名片，是建设文化强省和旅游大省的重要推手。截至 2013 年年底，云南省共向国家登记上报传统村落1371 个，占全国传统村落上报总数的 12％，位居全国之首。其中，2012年第一批国家级传统村庄 62 个，2013 年第二批国家级传统村落 232 个，共计 294 个，约占全国传统乡村总数的 20％，在全国排名第一。国家传统村落专家委员会一致认为云南省传统村落历史源远流长，文化底蕴深厚，民族特色鲜明，生态环境优美，具有很高的保护价值。

云南的乡土文化保护与传承，是一项在生态文明建设背景下的传统村落保护与开发工作，未来的云南古老乡村，将会成为提升城乡人居环境的新亮点、云南特色城镇化的新动力、继承民族历史的新家园、开展文化旅游的新高地。保护好、发展好、传承好云南的传统村落，必须坚持"抢救第一、注重保护，科学规划、适度改造，合理利用、传承发展"的基本原则，科学系统地制订传统村落保护与发展规划，既要确保传统村落的历史性、真实性和完整性，又要确保其合理开发、永续利用。为此，需要重点做好以下七个方面的工作：一是要继续做好传统村落调查及申报；二是要科学编制传统村落保护发展规划；三是要切实做好传统村落保护项目；四是要切实加强名木古树及古建筑的保护；五是要合理选择传统村落的发展模式；六是要重点做好传统村落中的农村危房改造工作；七是要稳妥做好传统村落中的美丽乡村建设。

云南省在乡村旅游和乡村建设发展方面的特点，可以总结为以下五点。

第一点，乡村旅游产业的开展赋予了乡村发展新的生机，推动了乡村经济的快速增长。多少地区、多少农户因为一座山、一个湖泊、一间民宿、一个果园实现了发家致富，这样成功的典范数不胜数。西双版纳傣族园是最具代表力的，以前的西双版纳傣族园只是一个最为普通的傣族自然村，现在已经一跃成为西双版纳地区的重点旅游景点。景区的开发和改造，充分利用原有的自然环境，发展民族文化资源，增强景区文化内涵，使广大村民参与其中，开展旅游业致富之路。

第二点，云南省旅游资源最丰富，特色化最显著的地区通常都是经济发展状况并不乐观的区域。受到交通条件较好，旅游景点较多的旅游线路或旅游景点周边乡村旅游的发展驱动，引导农户参与旅游接待服务，成为市场主体。不但加大了就业机会，找到了改变农村剩余劳动力的新方法，而且还可以提升当地农户的收入水平，帮助他们摆脱贫苦。昆明市锡山区团结街道团结办公室曾是贫困山区乡镇。通过"农家乐"模式的开展，参加旅游接待服务的农户人数占乡镇农户总数的18%，从事旅游接待服务的人员占全部农户总数的 26%。2007 年，成功接待了 50 万名游客。农村集体旅游总收益实现了 1700 多万元，人均旅游收入达到 6000 元。此外，迪庆美里雪山下的明永村原本是一个穷困潦倒的偏远山区村庄。自从梅雪山景区开发以来，吸纳大量村民投身景区业务，单一的借助悍马输送旅客这一项业务。平均每户的收益超过 15000 元，甚至有的已经达到 40000 多元金额，实现了初步意义上的发家致富。

第三点，提高农副产品交易量，助力农副产品销售额的提升，推动乡村产业结构革新。乡村旅游产业的大力开展，给农副产品的销售提供了很大的助力，带动了农副产品的生产、加工业务。罗平县就是最好的说明，借助独特的自然风光和资源优势开展了乡村旅游产业，促进了当地独具特色的"三黄（菜油、生姜、蜂蜜）三白（白薯、百合、白萝卜）"农产品的生产和销售，收获了众多旅游爱好者的喜爱，交易额显著提升，拉动当地农村经济发展。

第四点，云南乡村旅游的开展，改善了当地乡村的形象，促进了乡村精神文明建设。自从乡村旅游开发以来，全国各地海量的旅游爱好者来到这里，不但为城乡交流增添助力，而且还有助于拓宽农户的眼界，树立全新的思想观念，改善原有的生活习惯和方式，提升文化素养，推动乡村公共公共设施建设，使乡村旅游点形成了"门内文明化、门外山水化"的新面容。例如，昆明市团结办公室通过乡村旅游的开展，累计投入了 3700 多万元用于道路修建，共建成通往昆明市的 4 条柏油公路合计 52 公里，发展和建设了 8 个重点景点，共计使用资金 1500 万元，其中"欢喜滑草场"被评为"全国 20 大健身著名景观"，农业技术学校成立，龙潭中学和一批小学进行了改造和升级，不但为乡村旅游的发展输送大批量人才，而且为促进乡镇教育事业的发展做出了巨大的努力。

第五点，云南乡村旅游的大力开展，使我国源远流长的民族文化得到了更好的保护，有利于民族精神更好的传承和发扬。众所周知，云南是我国少数民族最多的省市，借助乡村旅游，实现了少数民族文化的传承，加快了开发具有民族特色的旅游产品的步伐，更好地保护了历史文化。例如丽江市黄山乡，借助乡村旅游推出"当一天纳西人"的民俗旅游活动，不但加大了民族文化的宣传力度，而且更好地保护了文化资产。

总之，云南由于自然环境的复杂性和民族的多元性，造就了乡村聚落形态和文化的多元性，全国已公布的600多个传统保护村落云南省占了1/3。丰富多彩的乡村旅游资源是云南发展多元化乡村旅游的基础，可以作为全国乡村建设和旅游融合发展的试验示范区。

第三节　旅游与乡村建设融合的发展趋势

从国内外乡村旅游发展的经验来看，乡村旅游发展与乡村建设密不可分，互相促进、互相依存。一方面，乡村旅游发展可以为乡村发展赢得更加广阔的空间，为乡村发展奠定扎实的经济基础；另一方面，乡村建设要获得可持续的动力，就要考虑到乡村旅游发展的需要，为乡村旅游提供良好的发展环境。展望旅游与乡村建设融合的发展趋势，可以为建构合理的旅游与乡村建设融合模式提供思路。

一、乡村建设的发展趋势

纵观中国历史，"三农"问题关系国民经济全局，农村建设是重中之重。2005年10月召开十六届五中全会提出了"建设社会主义新农村"的主题。2007年10月，十七大报告重申要"统筹城乡发展，推进社会主义新农村建设"。2008年10月，十七届三中全会通过的"中共中央关于推进农村改革发展若干重大问题的决定"进一步明确了推进中国农村改革发展的总体思路，提出构建社会主义新农村的一系列新思路和新举措。2013年11月，中共十八届三中全会"中共中央关于全面深化改革若干重大问题的决定"

提出了深化农村改革的综合计划，以为农民提供更多的权益，促进城乡一体化发展为主线，明确提出了"三个赋予""七个允许""四个鼓励""五个保障""六个推进""三个建立""六个完善健全""四个制度改革""五个城乡统筹"的农村改革任务和措施。目前，我国的乡村建设主要表现出以下几大趋势。

（一）资源集约化

乡村建设，就是把原来分散的乡村集合起来，一同发展，为其提供统一的公共设施和社会管理服务。缩减在土地、公共设施和管理方面的费用投入，实行集约化的发展模式。

（二）产业升级化

产业是增加农户就业渠道，拉动经济增长的核心基础。乡镇的建设必然无法与农业脱节，但这并不意味着就要完全的限制于农业这一领域。乡村的产业升级归根结底就是农业自身的改造升级，我们要将高新科技应用于农业中，发展生态农业、休闲农业等。与此同时，也要特别注重农产品的生产加工业、餐饮服务业等第二、第三产业发展，打造三大产业和谐、健康发展的新局面。

（三）就地城镇化

农村建设要基于现有农业基础和农村发展，在产业、基础设施和社会组织管理改造后，形成了当地城镇化发展的格局。

（四）农民市民化

农户实现就地城镇化，实现农户到市民的身份转变，享受同等级的市民待遇，尤其是在金融、教育、社会保障等方面。

（五）公共配套完善化

在乡村业务的建设中，还需要特别注意水、电、道路交通、设备通讯、排污等公共设施的建设，以确保满足用户的日常所需。

（六）社会管理社区化

农户集合起来居住，需要享受与城市居民同等级的管理服务，公共服务均等化是体现社会主义优越性的主要特征。

二、旅游产业的发展趋势

随着国民经济的发展和人民生活水平的提高，旅游产业作为朝阳产业呈现出较强的生命力，已成为中国经济的增长点，并发展成为国民经济的支柱产业。中国旅游业出现四大发展趋势。

（一）乡村旅游注入"美丽乡愁"新内涵

2013年年末召开的中央城镇化工作会议和中央农村工作会议明确了乡村旅游的发展目标：让城市畅游在大自然中，让城市住户享受山山水水。要保护民族文化，让有民族特色、历史文化丰厚的乡村发展起来。在开发的过程中，我们要尊重自然、保护自然，遵循天人合一的思想。国家要强大，首先乡村一定要强大起来，国家要富饶、优美，乡村一定要更美，国家要富裕，乡村一定先走致富之路。

国际休闲产业协会副主席朱至珍预言，在不久的将来体现村庄旅游差异化和现代休闲旅游文化的体验就是"记住乡愁"。把我国的村庄旅游作为一个整体来观察，可以发现我们国家现在的一些地区存在着较为明显的小、散、低等问题，如果要解决这些问题，就要把"美丽乡愁"作为基础再加上当地的文化特色。"乡愁"是村庄文化特点，如果一个景区缺少了文化特点，那么就像一个人变成了没有灵魂的躯壳。想要塑造乡村旅游的品牌，就要把"乡愁"这一特色更深度的研究，从而把低、散、小的问题转化成新、聚、大的优势，只有这样才有机会从创新产品向业态多样化过度，从而达到融合产业的目的。在城镇化的进程中，"美丽乡愁"被作为标签的村庄正在受到越来越多人的喜爱。

（二）养老养生旅游需求日益增长

随着社会的不断发展，越来越多的年轻人选择外出，去一线等城市发展，这也在一定程度上造成了独居老人数量的增长，养老思想的转变，加之老年人消费水平逐渐升高，旅游深受老人的喜爱，外出游玩的老年人数量逐渐增多。据全国老年旅游产业发展促进研讨会公布的数据显示，预测2030年老年人的消费交易额可以实现8.6万亿元，这是一个非常庞大的数据，老年旅游产业前景广阔、商机无限。

对于年轻人而言，旅行是教育的一个环节；对于老年人而言，旅行是人生体验、人生阅历的一部分。旅游日益成为老人年的一种生活习惯和生活态度。当前，中国养老旅游产业的发展尚未成熟，需要多加完善，市场上的老年旅游产品不具有独特性，吸引力也并不大，大部分仍然处于概念炒作阶段，未能契合老年人的需求。养老旅游的巨大潜力将推动相关旅游产品的密集推出和创新，市场前景光明。

（三）旅游目的地智慧化方向明晰

2013年11月6日国家旅游局在其网站对外公布了我国2014年旅游的推广主题"美丽中国之旅——智慧旅游"，此外，特别强调了要将重点放在智慧服务、智慧管理和智慧营销层面上，推动旅游资源和产品的开发整合，推动旅游向现代服务业转型。中国旅游产业将掀起智能化、科技化的新篇章。

为了更好地顺应国家旅游局提倡的旅游主题，一些经济比较发达的省市，例如江苏、广州、天津等都开始启动了智慧旅游年的活动。各个地区都依据自身的情况制定了智慧旅游的计划和发展宏图，广大游客可以借助社会媒介了解、查询到各种旅游信息；依托电脑、手机等工具实现酒店、门票的在线订购；按照不同游客的不同需求为其量身定做旅游路线等等，当然，景区也会完善自己的服务，虚拟软件系统可以帮助游客获得最真实的感受和切实的体验，加大游客和景区间的沟通，不但会让游客有更多不同的感受，还有利于景区服务形式的完善和创新。

（四）倡导文明出游行动力度增强

根据中国旅游研究院发布的数据显示，中国旅游经济发展态势良好。出境旅游在为国际旅游消费做出巨大贡献的同时，也更好地展现了中国形象。

但是一系列中国游客出国旅游的不恰当举止正在激发中国人的眼球。文明出境旅游备受关注。2013 年 7 月，国家旅游局制定了"中国公民出境旅游文明行为指引"，并出台了"文明旅游提案"，组织实施各种渠道和方式进行"文明旅游，理性消费"的推广和宣传。与此同时，向全社会征集文明旅游标语，启动"文明旅游提高觉醒"活动，大家一同努力改正旅游活动中的不良行为。

2013 年末，中央办公厅下发了"关于培育和实践社会主义核心价值观的意见"，明确提出要强化公民文明旅游的推广教育，规范公民行为，加大社会监督力度，提高公民旅游文明意识。今后，文明旅游会受到更多的关注度，公民文明素质也将进一步提升。

三、旅游与乡村建设的融合发展趋势

（一）旅游与乡村建设的融合发展影响

乡村建设需要促进乡村经济发展、生活水平提高、乡村环境改善和人口素质提高。旅游发展以乡村为主体，对乡村建设诸多方面产生了不同程度的积极影响和负面影响。在某种程度上，可以说没有其他类型的经济发展能像旅游业那样对农村发展产生如此全面的影响。（见图 3-1 所示）。

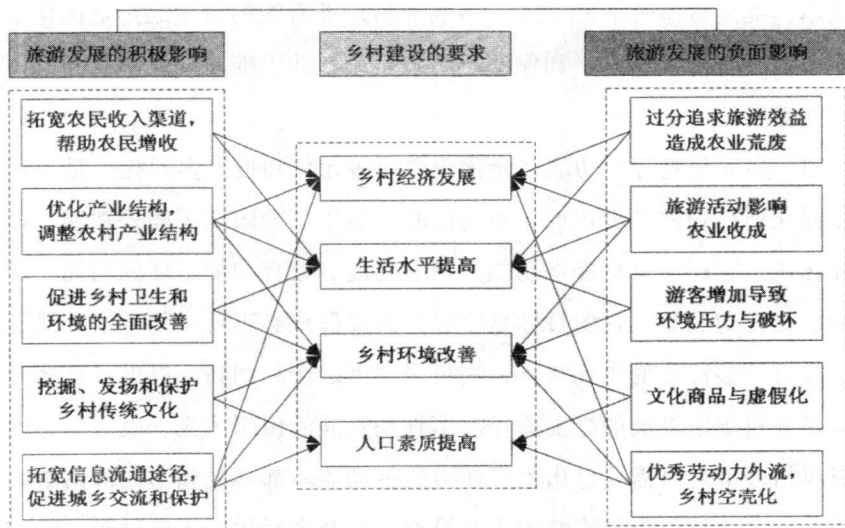

图 3-1　旅游发展与乡村建设的相互影响

（二）旅游与乡村建设的融合发展趋势

我国乡村建设与旅游业态发展呈现各自不同特点，随着"新型城镇化""现代农业化"等国家战略的提出，以及中国人对"乡愁"渴望的日益强烈，乡村建设为旅游业发展提供天地，旅游业促进乡村文明建设，农旅联合、以旅带农、以旅兴农的融合发展思路逐渐形成，使旅游与乡村建设呈现出产业化、多元化、规模化、规范化、品牌化的融合发展趋势。

（1）产业化趋势。伴随着城市化进程的不断加快，以及人民群众的消费水平逐渐增加，人们对于旅游的需求也愈发强烈，以城市居民有主要目标群体的乡村旅游产业也日渐成熟，市场份额逐渐加大，是拉动乡村经济增长的有力支撑，显示出非常显著的产业化发展态势。

首先，乡村旅游产业链继续做大，个体农民的个体经营方式将不断被专业经营者或协会通过整合，饭店、宾馆、景区、交通部门、商场、娱乐场所、表演团体等契约性商业模式所替代，这种要素企业之间的横向一体化集群发展可以迅速建立起功能完备的产业链条，内化外部交易，降低交易成本，提高整体效率。其次，乡村旅游产业升级的重中之重是优化生产要素、提升技术经营水平和保证产品质量，有助于推动行业质量和效益的实质性提高。

（2）多元化趋势。功能多元化，产品多元化和投资多元化这是乡村旅游多元化所体现的三大层面。乡村旅游不能单一的限制于娱乐功能，如旅游和休闲。它还应具备经济功能、社会功能、教育功能、环保功能、保健功能、文化功能等，它的目标是要成为人民群众必不可少的生活方式。为了适应日益多样化的市场需求，进行多维度的产品创新、提供丰富多元的产品是乡村旅游发展的必要途径。不管是安静的田园风光、极富动感性的乡村风格表演还是需要付出很多体力的劳动体验都会受到不同群体游客的喜爱。除此此外，乡村旅游的主要投资者日渐多元化。最初只有一些实力和知识兼具的农户自主投资、独立运作，自负盈亏。伴随着客流量不断增多，市场规模日渐扩大，多家农户共同出资和乡村集体投资的情况也会增多，众多强大的资本公司和团体也会逐渐加入，瓜分这块具有无限商机的蛋糕，推动乡村旅游的飞跃式发展。

（3）规模化趋势。个体扩张规模，集合分散规模，总量规模是乡村旅游发展的三项具体要求。首先，从事乡村旅游发展的初期运营商基本上已经实现了资源的累积，激烈的市场竞争和开疆扩土的决心促使他们要把经营规模做得更大、更强；其次，新进入的后起之秀资金实力、能力毋庸置疑，他们若想迅速的占领市场份额，必须打响第一战役，所以他们的起点非常高，规模非常大，进行错位竞争，这是他们选择的应战措施。从大区域竞争角度看，分散式乡村旅游经营者的整合将加强基地建设和核心公司的培育，实现从零散到集约，从"农家"到旅游村，从旅游村到集群的过渡，实现规模效应，这有助于提升核心竞争力。显然，因为市场需求不断旺盛，供应量持续扩增，乡村旅游市场总规模的攀升是必然趋势。

（4）规范化趋势。俗话讲："没有规矩不成方圆。"乡村旅游发展到一定阶段，为了延续和增强其可持续性，必然要全方位制定管理准则，确保规范化和标准化。事实上，在中国乡村旅游发展实践过程中，国家机关和地方各级政府有关部门及相关行业组织已经开始有意识地开展了这方面的尝试。2005 年，北京农村工作委员会组织专家制定了"北京市旅游农业示范园区评估标准（试行）"，明确了旅游园区的建设管理，可接待旅游人数和旅游经济效益的硬件和软件等指标。2007 年，中国饭店协会起草的"农家乐条例"对全国农家设施的环境保护、消防、卫生、安全等方面制定了非常详尽的规则和标准。除此之外，四川、湖南、福建等省市也订立了与自身城市情况相应的乡村旅游示范点等级和服务标准管理准则。

（5）品牌化趋势。旅游产品不像我们日常购买的实物，没有办法进行感知，它的生产和消费是在同一时间同时进行的，游客在进行旅游产品的选择时，没有办法采取同实物产品一样的购买方式，因为它没有办法进行试用，没有办法了解产品的功能、质量等内容，所以，传播媒介以及周围亲戚朋友的介绍会对消费者的选择起到很大的影响，产品的品牌是一种特殊的信息载体，它的作用不言而喻。当前市场上的乡村旅游产品有公共品牌和企业品牌两大模式。公共品牌是一种地区性的品牌，具有公共产品的特点，所在地区的全部经典都可以共享；企业品牌，顾名思义，与企业的价值密切相连，可以展现企业所具有的美誉度和曝光度。在当前的市场环境下，竞争异常剧烈，乡村旅游的开展也要与时代相适应，与社会相结合，借助品牌搭建起产品与消费者沟通的枢纽，用品牌文化的力量激发自然与人的心灵契约，最终创造健康、和谐、统一的旅游休闲度假空间，进而将乡村旅游的核心竞争力提升到另一个高度。比如近期较受欢迎的乡村旅游，其有两种基本品牌形式，一种是具有公共产品特性的区域性的形象品牌，该区域所有的乡村旅游区（点）可以共享品牌；另一种是可以提高某企业知名度且与此企业利益直接相关的企业品牌。市场竞争日趋激烈，如果想提升核心竞争力、建立美好和谐的休闲旅游环境，则乡村旅游的发展应适合品牌时代的发展和趋势，实现让产品与消费者进行心灵对话的桥梁作用，以品牌文化的力量召唤自然与人的心灵沟通。

第四章 乡村振兴战略背景下乡村旅游转型

第一节 乡村振兴战略背景下旅游文化振兴乡村的路径

　　全面推进乡村经济发展是现阶段我国重要的发展战略，发展乡村旅游文化是解决我国"三农"问题和推动乡村经济发展的重要途径，对于繁荣乡村产业、净化乡村人居环境、提高村民精神文化素养、提升村民经济收入及幸福感都有着重要的意义。本节通过对乡村振兴战略背景下旅游文化振兴乡村的难题及优势进行分析，并提出相应的发展路径，从而有效落实乡村振兴战略目标，推进乡村经济不断向前发展。

　　大力发展乡村旅游文化是提升乡村经济发展水平的重要路径，是解决我国"三农"问题的重要途径。在乡村振兴战略的支持下，乡村旅游文化得到了一定的发展，但在乡村旅游文化的开发进程中依旧存在很多无法避免的问题，因此需要探究乡村旅游文化振兴乡村的有效策略。要有效结合乡村各项资源，以振兴乡村旅游文化为出发点，形成特色鲜明的乡村旅游文化产业，推进乡村旅游文化可持续健康发展，提高乡村经济水平发展，实现乡村振兴。

一、乡村振兴战略与乡村旅游文化发展契机

（一）乡村振兴战略背景

党的十九大提出了乡村振兴战略。在乡村振兴战略的实施背景下，乡村旅游文化得到了迅速发展，并成为振兴乡村发展的重中之重。在中国特色社会主义新时代，以习近平同志为核心的党中央深刻认识到我国的国情与农情，把握我国城乡关系及地区发展情况，不断总结现代化建设的规律，从国家事业发展整体布局出发，为实现"两个一百年"伟大战略目标，以切实解决农村农业发展短板问题为重要导向，对"三农"工作提出了重要的战略导向。

（二）乡村旅游文化发展契机

乡村振兴与乡村旅游文化发展是相辅相成的，乡村振兴战略为乡村旅游文化发展提供了重要的契机，乡村旅游文化发展是实现乡村振兴的有效途径。乡村地区可以充分挖掘区域独特的地貌特征、资源优势，形成独特的旅游文化产业，这对于推进农村经济发展、弘扬乡村文化具有关键性作用。另外，现阶段由于城市中人们的生活与学习压力越来越大，往往会选择通过乡村旅游来愉悦身心、舒缓情绪，这为乡村旅游提供了强有力的发展契机。

二、乡村振兴战略背景下乡村旅游文化发展的优势及难题

（一）乡村旅游文化发展优势

经营模式新。旅游产业作为新兴的第三产业，发展过程中涉及人们的吃、穿、住、行等多个方面，并且与其他产业之间有着密切的联系，并具有很强的感染力。生活在城市当中的人们往往因生活压力大、学习任务繁

重、生活环境质量差等而出现身心疲惫、精神状态不佳的现象，而环境舒适的乡村生活往往是人们愉悦身心、远离城市喧嚣的最佳选择。因此，乡村旅游是备受人们欢迎的一种旅游模式。

资源消耗与成本开发少。与其他产业不同，开发旅游资源具有资源损耗小、成本回收快等特点，这也体现了生态旅游文化的发展优势。由于乡村具有得天独厚的地貌特征和资源优势，加之独特的民俗文化，对于推进乡村旅游产业链的发展、弘扬乡村民俗文化、打造特色乡村建筑及产品具有重要的作用，同时也为打造乡村特色旅游文化创造了良好的环境。为了全面提升农村经济发展水平，增加农民收入，实现农民群众生活富足，就需要充分抓住乡村旅游这一发展契机，实现农民增收致富。同时，农村旅游文化产业的开发还有助于解决农村剩余劳动力的就业问题，提升农民的整体素养。

（二）乡村旅游文化发展难题

制度管理体系不健全。由于乡村旅游产业处于初步发展阶段，相关部门对于制度管理体系的制定不健全，管理措施也不到位，导致一些商户私自占用公共区域摆摊、卫生不达标等不良现象。不仅极大地降低了乡村文化旅游的整体质量，而且造成了一定的环境污染和空气污染，给乡村文化旅游造成极其不利的负面影响。

过度开发和管理不当问题。在乡村旅游资源开发过程中，部分村民只注重经济效益，将经济利益放在首要位置，从而出现过度开发的问题。另外，我国乡村旅游发展资金主要来源于政府支持，但乡村旅游发展缺乏专业人才和先进技术的支持。如果这些村民继续只追求短期经济效益，而忽视对生态环境的保护，将会严重破坏乡村原本的面貌，同时会引发生态破坏、资金流失、文化缺失等现象。

乡村旅游形式单一刻板，缺乏专业人才。现阶段，我国乡村旅游文化发展缺乏创新性，阻碍了乡村旅游在新时期的发展，也不利于带动乡村经济发展。一些地区忽视了利用资源优势和客流量市场，一味地在同一区域开展形式单一、风格相似的旅游活动，为了实现经济效益，毫无意义地开发乡村旅游产品，忽视了产品的独特性和创新性。同时，缺乏科学的旅游管理及专业性人才也是阻碍乡村旅游经济发展的决定性因素。

三、乡村振兴战略背景下旅游文化振兴乡村的有效路径

（一）建立健全乡村旅游管理体系，政府加大扶持力度

首先，政府部门要制定完善的乡村旅游管理体系，加大对农户的管理力度，使农户树立正确的价值观，规范合理地开展乡村旅游经营活动。其次，政府部门应全面深化村民对乡村旅游文化的了解，发挥政府在推进乡村旅游文化发展中的主导力量，加大对乡村旅游产业的资金投入，建设洗手间、停车场、休息室等公共设施。建立完善的网络信息共享平台，加强对乡村旅游的宣传及推广，提升旅游景点的影响力。最后，相关旅游管理部门应结合乡村旅游行业的发展优势，在科学合理的规划下进行农村旅游项目的开发。

（二）丰富人力资源，培养专业性人才

一方面，对从业人员进行定期的知识和技能培训。对于积极参与旅游文化发展的农民，需要提升其知识水平和服务意识。针对不同素养的农民，需要进行有针对性的专业培训，使村民能真正参与乡村旅游文化发展，充分发挥其作用并获得一定的收益。其次，加大人才引进力度，加强对专业性人才的培训，建立高素质的人才队伍，充分发挥专业性人才的专业技能，推动乡村旅游文化向前发展。

（三）合理利用乡村资源，适度开发经营

在开发乡村旅游文化的过程中，要对乡村各项资源进行合理分配，适度进行开发经营。保护乡村固有的水资源及森林资源，并保留乡村最本真的面貌。将保护生态环境作为开发旅游资源的首要条件，并保留当地特有的民俗文化和历史文化。要加强对自然景区的保护，对于随意破坏景区生态环境的行为进行严厉打击，从而实现乡村资源的合理利用，促进乡村旅游文化可持续、健康发展。

（四）创新多种旅游文化形式，形成旅游产业链

在保证乡村旅游资源开发范围合理的基础上，要将历史文化、民俗文化、风土人情等乡村文化进行有机融合，形成独具特色的旅游产业链，彰显乡村旅游文化的独特魅力。旅游产业链，就是为了满足游客的实际需求，并在产业中形成强大的竞争力，与相关产业的企业在产品、技术、资金方面进行有效的结合，通过各种售卖方式将产品销售给游客，并与餐饮、酒店、景点、旅游交通等行业形成紧密的链条关系。需要深入挖掘当地的乡村特色和民俗文化，构建一条集美食、文化、游玩于一体的产业链，推进乡村旅游文化向现代化方向发展，使游客在旅游过程中身心愉悦，而且能感受一方水土的魅力，塑造良好的乡村旅游文化形象。

在乡村振兴战略背景下，全面推进乡村旅游文化建设是至关重要的，对于推动乡村经济发展、提升农民的整体素质具有关键性作用。因此，需要建立完善的乡村旅游管理体制，加大政府的扶持力度，建立高素质的人才队伍，合理优化乡村资源，创新旅游文化发展模式，从而全面提升乡村经济发展水平，有效实现乡村振兴战略目标。

第二节　乡村振兴战略与乡村生态旅游互动融合

近年来，乡村振兴战略得到了广泛的关注和实际运营，发展乡村生态旅游，是实现乡村经济建设，达到振兴乡村的有效途径之一。分析了乡村振兴战略与乡村生态旅游融合发展的重要意义以及主要操作模式，可以对发展中所遇到的问题进行有效的解决。

为解决"三农"问题，习近平总书记在党的十九大报告中提出实施乡村振兴战略，乡村振兴首次被提升到国家战略层面，受到了高度重视。要实施乡村振兴战略，发展乡村旅游业是实现战略目标的最佳方式之一。乡村旅游主要是从乡村民俗核心文化出发，以农民为运营主体，乡村生态环境以及乡村农产品为主要运营产品，将城市居民作为主要运营客户目标的运营模式。发展乡村旅游可以有效、全面地带动乡村经济建设发展，致富村民。基于此背景，探索乡村振兴战略与乡村生态旅游互动融合的创新发展。

一、乡村振兴战略与乡村生态旅游融合发展的意义

建设美好乡村。乡村在大多数人眼里都是经济落后、交通闭塞等的代名词。与大城市相比，乡村无论是生活模式还是教育模式，都有云泥之别。如今，党的十九大报告中提出，要大力实施乡村振兴战略，建设乡村经济，带领乡村人们走向共同富裕之路，其中发展乡村生态旅游，可以加快乡村景区建设，改善乡村环境条件以及公共服务设施，从而建立起美好全新的乡村，让乡村脱离贫穷、落后和与世隔绝的境地。

增加农民收入。传统乡村村民的主要收入都来自于农作物，一辈子面朝黄土背朝天的耕种农作物，却只能解决温饱，很难有积蓄。乡村战略实

施后，大力发展乡村生态旅游业，可以将村民从农村劳动力转变到旅游服务业上，不仅转变了劳作模式，还有效地促进村民收入增长，让村民的生活水平得到提升。

推动农业发展。乡村振兴战略与乡村生态旅游业共同实施发展，将乡村作为旅游景点，不仅可以拓展旅游业的旅游领域，还可以打破传统农产业的种植方法和种植目标。将现代科技引进乡村，加大农产业的种植速度，减少村民劳动力的输出，为村民提供新型发家致富的劳动产业，同时引进观赏性农业产品，例如观赏性花卉、可供采摘的瓜果树木，以此来大力推进农产业发展。

二、乡村振兴战略与乡村生态旅游融合发展的操作方法

发展乡村观光农业。观光农业，主要是指利用乡村现有资源和生产条件，发展出原生态的、具有相应观赏特色的新型农产业的经营模式。虽然乡村历来被冠以贫穷和落后等关键词，但我国乡村土地广袤，环境优美，空气清新，且拥有丰富的自然资源和人文资源，这是大城市所没有的原生态特色，也是乡村生态旅游得以发展的主要原因之一。大力发展乡村生态旅游业，建立起拥有大自然原生态特色的观光农业，来自大城市的游客可以尽情地观赏大自然，还可以亲自体验农村生活，了解当地村民的生活习惯以及文化习俗，以此来沉淀洗涤在生活节奏快而繁忙的大城市中操劳已久的心灵。

发展原生态文化旅游。乡村文化，是乡村生态旅游业得以发展的另一重要核心要素，同时也是中华民族文化重要的组成部分。一个旅游景区，除了美景之外，缺少它特有的文化特色，就相当于失去了灵魂。因此，要使乡村生态旅游业得以大力发展，乡村振兴工作得以全面实施，就需要大力挖掘当地的文化内涵，突出乡村生态旅游业的特色。同时加大农产业的优化，发展具有乡村特色的旅游农产品。这样，不仅可以打造出更有活力更具独特魅力的乡村，还能更大力度地带动乡村经济建设，更快实现乡村

振兴战略。

优化农业产业结构。在农业产业结构发展中，要大力发展特色农产品，一方面对于传统的特色农产品要加大宣传力度，另一方面要加强乡村特色产品品牌认证，实施标准化生产，增强核心竞争力。创建"农产品＋旅游业""农产品＋互联网""农业＋电子商务""农业＋服务营销"等体系，促进农业适度进行规模经营，促进产业结构进一步优化和升级。

加强农业旅游业融合的力度。一是大力打造一体化的乡村旅游线路。打造集旅游服务、餐饮服务、住宿、农副产品销售等度假观光为一体的乡村旅游产品；二是建立乡村旅游综合体，利用乡村所特有的资源，结合具有发展优势的农业生态观光游、自驾露营营地的项目开发，打造体育＋生态旅游绿色产业综合体，开启新型乡村旅游发展模式，推动观光农业、休闲农业稳步发展。

三、乡村振兴战略与乡村生态旅游融合发展存在的问题

缺乏运营资金。众所周知，乡村之所以落后，是因为经济落后。乡村村民光是解决自身温饱问题，就需要他们劳作一生，更别说余出多余的资金出来开发别的发展项目。没有启动资金，即使有再好的想法，再好的资源，都只是纸上谈兵，没有丝毫施展之地，如此循环，才造成乡村一直落后，经济无法发展的现状。

缺乏旅游品牌形象。提到旅游，人们的第一想法都是国内外的著名景区，甚少有人了解宣传力度不高，没有知名度的乡村旅游地。发展的目标与定位难于掌控是乡村生态旅游业发展的重大问题之一，容易出现缺乏统一布局性和整体性的问题，同时加上乡村本身经济落后，建设水平和能力都比较低下，导致旅游业发展困难，增加重建的难度，品牌形象塑造更是难上加难。在全网普及，全民上网的当今时代，宣传力度跟不上，自然不会有游客前来观光。

缺乏旅游产品特色。我国是农业大国，乡村数量极为庞大，但乡村生

态旅游业的建设水平普遍低下，推出的旅游产品单一且重复率高，多为吃农家饭、采摘瓜果、观赏和体验乡村生活等，具体设计乡村农耕文化和乡村民俗文化少之又少。停留在初级水平且单一无特色的乡村生态旅游业，或许先开展的村落会因此得到较好的发展，但却对后面的乡村建设十分不利，甚至适得其反，浪费资源和耽误人力财力。

四、乡村振兴战略与乡村生态旅游融合发展的措施

申请政府部门支持。要实施乡村振兴战略以及发展乡村生态旅游业，建设乡村经济，离不开政府部门的大力支持。当地政府部门应当积极配合当地村民制定标准的旅游管理制度以及设计相应的协调机制。同时需要全面规划乡村生态旅游业的发展用地，从用地、资金引入、金融扶持等方面，落实乡村发展经济建设的优惠政策，放宽乡村生态旅游业成立的审核制度和成立条件，将相应的行政审核步骤简化，大力扶持乡村振兴战略以及乡村生态旅游业，为建设乡村经济做出有效贡献。

资金引入。乡村生态旅游业是当前乡村经济建设的重大机遇，能够有效地带动乡村经济，提高国民经济总量，减少城镇与农村经济和文化的差距，为我国经济社会全面发展做出有效贡献。乡村生态旅游业发展普遍面临着运营资金缺乏的重大问题。因此，加大招商引资的力度，引进社会资本，是加快乡村金融创新和解决乡村生态旅游业缺乏运营资金最有效的途径。

创建特色农产品。乡村生态旅游业的发展面临着旅游产品单一，旅游项目同化质高的严峻问题，在这一问题下，会加大乡村生态旅游业的发展难度。因此，打造不同乡村主题生态旅游和开发乡村精品旅游线路以及创建具有乡村特色养生养老基地，就成了当前乡村旅游业所需要重视的主要问题之一。由此以来，就可以有效地避免同质化严重，旅游产品单一等问题，既提高了乡村生态旅游景点的观赏性，又增加了乡村旅游的营养价值，进一步推动了乡村振兴战略的全面实施。

培养专业服务人才。由于乡村经济落后，资源落后，各项基础设施不

够完善以及缺乏专业的旅游服务人才，导致乡村生态旅游业的服务意识薄弱，这对乡村生态旅游业的发展是极其不利、具有重大影响的。因此，想要以全面实施乡村振兴战略和发展乡村生态旅业来带动乡村经济建设，专业旅游业服务人员的培养是必不可少的举措之一。而关于专业旅游从业人员的培养，可以从当地村民中选取。由于村民更加熟悉当地的民俗文化和生态地貌等，只要提高村民的旅游服务意识以及服务水平，就可以建立起一支专业、有文化底蕴的旅游服务队伍。既解决了部分村民的就业问题，又全面提高了乡村生态旅业的质量，为乡村振兴战略的实施打下了坚实的基础，也进一步推进了乡村经济的发展和建设。

第三节　发展乡村旅游是实施乡村振兴战略的重要途径

党的十九大提出实施乡村振兴战略，明确了产业兴旺、生态宜居、乡风文明、治理有效、生活富裕的总要求。这既为我们做好"三农"工作指明了方向，也为如何打赢脱贫攻坚战、决胜全面建成小康社会提供了遵循。随着精准扶贫的深化，创新发展已成为新时代精准扶贫的必然要求，乡村旅游扶贫就是精准扶贫形式和内容上的创新。

乡村旅游扶贫是指在具有一定旅游资源条件、区位优势和市场基础的贫困地区，通过开发旅游带动整个地区经济发展。乡村旅游扶贫是一个长期有效的朝阳产业，是一种"授人以渔"的精准扶贫方式。

特别是革命老区，可以依托农村良好的自然资源、红色遗址、人文景观和地域风情，通过扶贫政策与项目资金的介入，带动经济结构优化调整和旅游产业培育，形成人流、物流、信息流和资金流的聚集，提升贫困区域和贫困群体自我脱贫能力与发展能力。

一、乡村旅游扶贫的时代意义

党的十八大以来，习近平总书记多次就发展乡村旅游做出重要指示，先后提出"绿水青山就是金山银山""望得见山，看得见水，记得住乡愁"。2015年起，中央一号文件连续四年对乡村旅游进行部署，2018年中央一号文件明确要求"实施休闲农业和乡村旅游精品工程，建设一批设施完备、功能多样的休闲观光园区、森林人家、康养基地、乡村民宿、特色小镇"。旅游产业是扶贫脱贫的重要支柱和建设美丽中国的助推器。2020年前，我国政府计划通过发展旅游业使1200万人口脱贫，这些人口占全国脱贫人口的17%。旅游业特别是乡村旅游业是贫困地区增加农民收入最现实、最直接、最有效、最可持续的支柱产业。

发展乡村旅游有利于加速城乡一体化进程。依托农村区域的优美景观、自然环境、建筑和文化等资源，在传统农村休闲游和农业体验游的基础上，拓展开发新兴旅游方式，是推进农业供给侧结构性改革，推动农业迈向现代化的重要力量，也是促进城乡一体化的重要途径。改革开放以来，我国经济取得巨大进步，但城镇化的快速发展与乡村发展滞后，造成城乡"二元"经济对立。城市和乡村之间的反差，制约了我国现代化建设整体步伐。发展乡村旅游，可以加强城乡之间的联系与交流，以城镇经济反哺乡村；发展乡村旅游，可以打破农民头脑中传统观念，促进村容村貌"升级"，加速农村现代化建设。

发展乡村旅游有利于拓宽农民增收渠道。增加农民收入是推进城乡一体化的核心。发展乡村旅游就是利用农业的生产经营活动和农村自然环境与人文环境，经过科学规划整合，形成一个具有田园之乐的旅游场所。在不影响农业生产的基础上，又能增加农业的附加值，招揽、吸引城市人群休闲娱乐消费，既解决农村剩余劳力的本地安置，又能带动本地农民的收入增加。

发展乡村旅游有利于拓展新型旅游市场。乡村旅游是连接城市与乡村的一种有效手段，也是旅游市场空间新的拓展。发展乡村旅游业，将旅游业市场延伸到农村，使旅游业能够借助农业的优势发展，同时农业也能借助旅游业的优势有新的提升。乡村旅游会给广阔中国旅游市场添加一道"色彩丰富、回味无穷"的"旅游甜点"。

发展乡村旅游有利于一、二、三产业深度融合。通过发展乡村旅游市场，鼓励和引导按照全产业链、全价值链的现代产业组织方式开展创业创新，以农、林、牧、渔相结合、循环发展为导向，发展优质高效绿色农业。实行产加销一体化运作，延长农业产业链条，推进农业与旅游、教育、文化、健康养老等产业深度融合，提升农业价值链。

二、乡村旅游扶贫的困难和问题

乡村旅游扶贫作为一种重要的扶贫方式，在许多贫困地区发挥着巨大扶贫功能，带来明显效益。但还应该对当前存在的一些困难和问题予以重视。

一是规划缺乏可操作性。在乡村旅游规划过程中，由于缺乏对本土资源、旅游市场以及相关联产业融合的深度调研，使各个乡村规划都是应付性规划，规划的适宜性、落地性、特色性、精准度不高，缺乏核心竞争力，同质化严重，千篇一律，没有"卖点"。

二是服务管理缺乏规范性。旅游行业是综合性的产业，旅游产业与扶贫产业的融合，加大了跨行业性，交通、医疗、餐饮、住宿等多种行业的融合必然造成有利益时相争，有责任时互相推脱，系统化管理的缺乏造成责任不明。规范与质量问题成为制约乡村旅游持续发展的重要因素。

三是服务队伍缺乏人才。乡村旅游业的发展没有专业人员参与是不能提高竞争力的，也不会形成良好的产品和服务，通常人们认为只要是当地的人，熟悉当地的民风民俗，就能给游客带来不一样的体验和感受。这是乡村旅游发展中的一个误区。由于综合素质相对偏低，缺乏系统有效的培训，服务水平跟不上形势发展的需要。

三、乡村旅游扶贫的对策建议

乡村旅游扶贫是一项系统工程，也是促进区域经济协调发展的重要途径。在实践中，一定要构建发挥良好效应的乡村旅游扶贫路径。

（一）要强化引领作用

始终把扶贫攻坚作为重要政治任务、头等大事和"第一民生工程"来抓，统筹制定出台政策，凝聚脱贫攻坚合力，充分发挥乡村旅游在助推脱贫攻坚中的强大带动作用。一是重点加强对贫困村发展乡村旅游的扶持力度。乡村旅游具有贫困人口参与面广、生产经营成本低、扶贫效果快、返贫率低等特点和优势。但不是所有的贫困村都适合发展乡村旅游，发展旅游扶贫必须具备相应的资源、交通和市场等要素。因此，要对适合发展旅游的乡村进行精准识别，重点加大扶持培育力度。二是加大对贫困户的重点培训。坚持扶贫与扶志扶智相结合，着力建立把贫困群众带起来的外力机制和让贫困群众动起来的内力激发机制。按照培训一人、吸纳一人、脱贫一家的工作思路，帮助贫困户增强对乡村旅游的认识，提高参与乡村旅游发展的能力和素质，让更多贫困户融入乡村旅游经营，分享乡村旅游发展成果。三是实施引领带动。充分利用农业产业园区、专业经济合作组织、党员干部、农村能人、大学生村干部等带动作用，实施旅游创业示范工程，配套落实创业就业优惠政策措施，带动农民科学化、规模化、组织化发展旅游产业。

（二）要完善基础设施

坚持政府、市场双轮驱动，加大投资力度。要结合乡村振兴、美丽乡村建设，大力推进贫困乡村旅游基础设施建设，改变交通、通讯、供水、供电、环境治理、安全保障等方面的落后状况，积极完善乡村旅游接待服务设施，规范住宿设施、饮食设施、卫生设施、安全设施等建设标准要求。做到设施齐全、标准规范、健康发展，切实提升管理和服务水平，创造良好旅游环境，充分满足旅游者的多层次需求。逐步将贫困村打造成"村容整洁，环境优美，民居美化，生活文明，人与自然和谐共处"的乡村生态旅游农庄。

（三）要加大环境整治

在推进旅游扶贫过程中，进一步加强对乡村自然生态和人文环境的保护，有选择地保留、有重点地保护、有计划地修缮古村寨民居、重点文物古迹、红色遗址，坚决制止破坏历史风貌的拆建。坚持不破坏环境、不浪费资源、不搞低水平重复建设，推进乡村旅游扶贫开发。加强对乡村旅游扶贫项目区农民建房的引导和管理，公路沿线、旅游村寨民居要体现区域特色。要做好当地的环保工作，维护村庄的生态平衡，保持当地的民俗风情，展现小村风景的地域色彩，塑造舒适、安全的旅游形象。

（四）要创新体制机制

要深化旅游精准扶贫工作思路，创新体制机制，大力推进乡村旅游扶贫。一是建立"两瞄准、三到人、四到户"的旅游扶贫新机制。做到瞄准贫困村和贫困户；做到技术培训、服务对接和责任落实到人；做到产业规划、项目落实、资金补助和技术指导到户。二是建立全方位协作、多层面参与的立体化旅游扶贫新机制。坚持旅游扶贫与科技扶贫、教育扶贫、农业扶贫、社会扶贫等工程有机结合，实现效益最大化。三是创新乡村旅游扶贫方式。采取分类补助方式、以企带户方式、入股分红方式、租赁扶贫等方式，实现多元化旅游扶贫。四是建立合理的利益分配机制。坚持乡村旅游扶贫资源集体所有、村民共享。通过制定村规民约等方式明确并公示扶贫项目后续管护经费、利润分配等重大事项，使乡村旅游扶贫成果真正惠及贫困农户。

（五）要打造旅游精品

要从贫困乡村地区旅游资源的实际出发，树立"乡村化、创意化、本土化、低碳化、景村一体化"的乡村旅游发展理念。既要保持乡土本色，凸显乡村所在地元素，充分整合乡村的自然、文化、产业和生活资源，开展主题创意和产品创新，打造能够实现旅游扶贫目标的特色乡村旅游精品。要充分贯彻低碳经济理念，以"景村共建"的模式整村推进乡村旅游进行开发建设，使乡村旅游开发与精准扶贫、美丽乡村建设融为一体，打造一批环境优美、产业发展、独具特色的乡村旅游扶贫示范村。

（六）要实现"三产"融合

在旅游产品的研发和创新过程中，一定要充分挖掘贫困村的旅游资源，推进乡村旅游与农业、工业、文化产业、体育产业、养老产业、交通产业、城镇建设等联动，构建产业链条，带动蔬菜、畜禽等地方农产品的销售，促进农业种植业结构调整；带动农副产品、土特产品和旅游纪念品等旅游商品的加工销售，促进农村加工业的发展；同时也带动交通运输、商贸物流、观光旅游、休闲度假、房地产等产业的发展，实现一、二、三产业互融互动。积极推进"乡村旅游"+"互联网"的形式，形成全新的商业模式——乡村电商、乡村旅游"智慧"服务，使乡村旅游产业成为拉动贫困村区域经济的"助推器"和"新引擎"，为当地农民创造更多的就业机会。

（七）要整合资源优势

一是加大财政扶贫的投入力度。设置乡村旅游扶贫专项资金，重点向乡村旅游扶贫示范村倾斜；按照渠道顺畅、方向不变、统筹安排的原则，打好老区建设、民族发展、农民新村建设、道路通畅、饮水安全、环境整治等行业部门资金与乡村旅游扶贫项目的"组合拳"。二是拓宽乡村旅游扶贫开发融资渠道。鼓励乡村旅游区内外各类企业、社会团体、个体工商户，采取独资、合资、合作、联营、承包、租赁等多种形式参与乡村旅游扶贫开发。三是鼓励和支持项目区农民以房屋、宅基地、土地承包使用权、资金、技术等资源，采取股份制、合伙制、合作制等形式，培育自主经营、自负盈亏、自我发展、自我约束、富有活力的旅游服务经济实体，创新"公司＋农户"、"公司＋合作社"等扶贫开发方式，提高乡村旅游扶贫的组织化程度，形成规模化、集约化经营。

（八）注重人才培养

发展旅游扶贫不仅需要各类经营管理人才，还需要旅游产品开发、市场信息分析、传统技艺、农家菜肴研究等多方面的专业人才。要把旅游经营管理者特别是农家旅馆、农家乐从业人员作为培训的重点，选择正规的培训机构，进行旅游政策、市场营销、经营管理、服务礼仪、传统技艺、旅游商品设计等培训，轮流组织他们到旅游成熟景区实地学习考察，下功夫建设一支素质高、专业能力强的旅游人才队伍。要加强对贫困地区农民的乡村旅游和环境意识的教育，营造和谐亲善的旅游环境。

（九）严格规范管理

一是建立健全乡村旅游扶贫管理体系。把乡村旅游扶贫纳入农村扶贫开发法律法规管理体系，实现乡村旅游扶贫"粗放式管理"向"依法扶贫"规范管理转变升级。二是明确乡村旅游扶贫资金支持的对象和范围。建立和完善乡村旅游扶贫项目资金申报审批、管理使用、检查验收、激励处罚、纠纷处置制度。三是走专业合作化道路。以村为单位成立乡村旅游扶贫专业合作社，发挥其在市场开拓、质量管理、教育培训、价格管理、投诉处理、利益分配等方面的作用。通过"合作社＋示范户"的模式，实行"四统一"规范运行管理。即统一标识标牌，增加游客的认同感；统一星级评定，提升竞争意识；统一收费标准，避免恶意抬价和杀价；统一客源分配，避免拉客抢客纠纷。

第四节　乡村旅游与乡村振兴战略关联性研究

乡村振兴战略，是决胜全面建成小康社会、全面建设社会主义现代化国家的重大历史任务，是新时代做好"三农"工作的总抓手。本节通过分析乡村衰落现状和乡村旅游发展面临的困境，探讨了乡村旅游与乡村振兴战略的关联性。乡村振兴战略的提出，既是新时代我国社会主要矛盾转化对我国农业农村农民发展提出的新要求，也是对城市化和工业化快速发展背景下乡村衰落现象的全面提振。乡村旅游对于落实农业农村产业兴旺、生态宜居、乡风文明、治理有效、生活富裕的总要求，以及乡村振兴战略的早日实现具有不可替代的意义。对此，乡村旅游要充分把握乡村振兴战略这一政策机遇，充分发挥其在乡村振兴中的驱动作用，积极克服乡村旅游发展中的瓶颈因素。

党的十九大提出实施乡村振兴战略，是以习近平同志为核心的党中央着眼党和国家事业全局，深刻把握现代化建设规律和城乡关系变化特征，顺应亿万农民对美好生活的向往，对"三农"工作做出的重大决策部署，是决胜全面建成小康社会、全面建设社会主义现代化国家的重大历史任务，是新时代做好"三农"工作的总抓手。

实施乡村振兴战略，就是要坚持农业农村优先发展，按照产业兴旺、生态宜居、乡风文明、治理有效、生活富裕的总要求，全面推进农业农村现代化。乡村旅游作为乡村振兴战略产业带动的有机组成部分，既是乡村振兴新的经济增长点，又具有产业带动、扩大农村劳动力就业和增加农民收入的综合效应。一方面乡村旅游以资源和市场为导向，在促进乡村旅游规模化、集约化发展的同时，能够有效地解决区域性贫困问题。另一方面，乡村旅游能够持续拓宽农民增收渠道，有效提高农民收入，缩小城乡差距。

相比较于从事农业生产和外出打工，乡村旅游不仅能够实现农民"离土不离乡"的就业体验，在提高农民获得感，增进农民就业保障方面也有着显著的优势，对于乡村振兴战略具有重要意义。

在过去二十多年的新农村建设和乡村振兴实践中，乡村旅游因其带动能力持久、产业融合性好和发展适应性强的特点，在促进农业产业转型升级、提高农民收入和解决农村就业等方面扮演着重要角色，发挥着不可替代的作用。但是，随着近年来乡村旅游产业规模不断扩大，其自身发展中存在的问题也日益显现。对此，本节基于我国乡村衰弱的成因以及乡村旅游发展在现阶段面临的瓶颈，深入分析乡村旅游与乡村振兴战略的关联性及其内在逻辑关系，为乡村旅游持续健康发展提供政策建议。

自乡村振兴战略实施以来，相关的理论研究和实践大量涌现，既有文献主要体现在乡村振兴战略内涵阐释，又有乡村振兴实践经验归纳与乡村振兴政策机制研究等方面。

在乡村振兴战略内涵阐释方面，韩长赋从乡村发展的重要地位入手，分析了乡村振兴战略的总体要求，从农村制度改革、现代化农业建设和农村基层社会治理三方面提出了政策建议。张强、张怀超等从劳动力和发展要素转移的视角，对乡村振兴的必要性和可能性进行了理论讨论。他们认为，我国乡村之所以要振兴是相对于我国乡村衰落的现状而言的，其显著的表现就在于我国乡村青壮年人口的大量流出，农村出现"空心化"现象。韩俊则在乡村振兴战略内涵的基础上，对实施乡村振兴战略所面临的重大问题和实施过程中的关键步骤进行了理论探讨。

在乡村振兴实践经验归纳方面，国内学者主要是归纳总结国外乡村发展经验，并结合我国乡村发展的现实情况为我国乡村振兴提供经验借鉴和理论帮助。刘震对日本乡村建设经验进行了观察与梳理，通过观察发现，日本在乡村建设的不同阶段多次调整其政策目标，以期更好地满足城乡居民的不同需求。他认为，我国在乡村振兴战略实施方面应当借鉴日本的成熟经验，从城乡统筹出发，促进城乡协调发展，最终实现城乡一体化。龙晓柏等研究了英国乡村经济结构的演变历程，他们发现，英国乡村发展得益于高附加值产业的兴起，乡村旅游在其乡村建设过程中扮演着举足轻重的角色。

在乡村振兴政策机制研究方面，姜德波等探究了我国乡村衰落的原因，认为乡村衰弱即是历史原因造成的，同时市场经济因素在乡村衰落过程中也起到了推波助澜的作用。他们基于政策制定者的角度为乡村振兴战略的实施提供了政策建议。郭晓鸣等认为，实现乡村振兴战略的根本渠道是推动城乡之间的融合发展，在具体措施方面则应壮大集体经济规模，激活乡村各类建设主体的活力。在此基础上，他们进一步分析了乡村振兴战略的理论逻辑与现实逻辑。唐任伍等则通过选取国内乡村振兴的具体案例，考察不同主体在乡村振兴过程中的作用。他们认为，不同主体主导下的乡村振兴实践会对乡村振兴的结果产生不同的影响。在众多主体中，选择乡村集体主导乡村振兴实践会让乡村发展更具"韧性"，更能够充分发挥乡村社会不同主体的积极作用，保持乡村振兴的可持续性。

一、乡村旅游与乡村振兴关联性研究综述

乡村旅游在促进城乡均衡发展、加速农村脱贫致富和振兴乡村文化等方面具有积极意义。我国乡村旅游业进入了一个蓬勃发展的时期。然而，高速发展的乡村旅游也面临着发展的瓶颈和局限。王倩颖等的研究发现，我国乡村旅游产品结构单一，乡村旅游发展缺乏科学规划，目前仍处在"粗放式"的发展阶段。邱雪超的研究从乡村基础设施的角度切入，关注了我国乡村旅游发展所面临的困境，他认为，我国乡村旅游在游客接待能力、旅游服务水准、旅游项目开发和市场拓展等诸多领域都存在发展瓶颈，这些问题都严重地制约着我国乡村旅游"质"与"量"的进一步提升。

对于乡村旅游与乡村振兴的关联性研究目前尚属新兴领域，既有的文献主要集中在乡村旅游如何促进乡村振兴方面，对于乡村振兴和乡村旅游相互影响及其作用机制研究不足。颜文华梳理了国外乡村旅游的发展变迁，

通过研究发现政策扶持与行业协会推动是国外乡村旅游驱动乡村振兴的共同经验，我国也应加强相关措施的推进，切实发挥乡村旅游在乡村振兴过程中的驱动作用。李保玉则将我国乡村旅游发展分为三个阶段，通过考察不同阶段乡村旅游与乡村振兴的联动关系，他认为在乡村振兴的背景下乡村旅游的发展要坚持绿色发展理念，遵循农村发展规律。

通过对以上文献的梳理归纳不难发现，乡村旅游作为乡村振兴的重要途径，在乡村振兴战略实施过程中发挥着不可替代的作用。同时，要厘清乡村旅游与乡村振兴的耦合影响机制，必须从乡村振兴战略提出的背景出发，结合乡村旅游发展过程中所面临的困境进行关联性研究。

二、乡村衰落与乡村旅游发展困境

"小康不小康，关键看老乡"。乡村振兴战略的提出，既是新时代我国社会主要矛盾转化对我国农业农村农民发展提出的新要求，也是对城市化和工业化快速发展背景下乡村衰落现象的全面提振。我国是农业大国，即使我国城镇化率已经从 2008 年的 46.99% 上升至 2018 年的 59.85%，城乡发展也不可偏废，任由乡村衰落也绝不是决胜全面建成小康社会的可能选项。

新中国成立以来，我国乡村发展大致经历了三个历史阶段。第一阶段从建国初期至改革开放前夕。这一时期党和政府为了改变旧中国贫穷落后的局面，加速实现工业化，通过计划经济"工农产品剪刀差"的政策调控，建立起了相对完整的工业体系。这一政策虽然为我国工业化起步提供了大量的原始积累，解决了工业化进程中资金短缺的问题，但也偏离了我国工农业按比例协调发展的方针路线，造成我国农业农村发展滞后。尽管至 1978 年末我国工业产值占国内总产值的比重已由 30% 提高到了 72%，工业发展速度远远超过了农业发展速度。但是，受到户籍制度、分配制度、保障制度等制度的影响，这一时期我国城乡实际上形成了相对隔离的二元社会，劳动力资源无法在城乡之间有效配置，造成农村劳动生产效率低下，农村农民生活处于相对贫困的状态。第二阶段从改革开放初期至 20 世纪末。

党的十一届三中全会后我国开启了以农村家庭联产承包为主要内容的经济体制改革，农村逐步实行以家庭联产承包为主的责任制，包产到户，"交足国家的，留足集体的，剩下都是自己的"。受益于农村家庭联产承包责任制的推行和乡镇企业雨后春笋般的涌现，我国农业生产得到了大发展，农村开始富裕起来，城乡之间的隔离状态逐渐被打破，户籍和人口流动限制在一定程度上有所松动。在撤社设乡以及加快城镇化建设政策的推动下，大量农村剩余劳动力进入城市，在向城镇化建设提供大量劳动力的同时，很大程度上也缓解了农村劳动力剩余和农民增收的问题。这一时期，我国农村生产效率和农民收入不断提高，农村的生活水平得到了空前的改善，农村的经济社会发展迎来了"小阳春"。第三阶段为进入21世纪以来。随着我国户籍制度的进一步改革和加速城市化进程的政策相继出台，大量农村青壮年人口离开农村进入城市，我国农村开始出现"老龄化"和"空心化"现象。同时，市场经济和工业化建设的迅猛发展，大量乡镇和集体企业由于缺乏竞争优势相继倒闭。尽管近年来我国加大了对农业农村的政策扶持力度，推行"工业反哺农业"政策，但是由效率竞争形成的资源分配格局并未发生扭转，在吸引人才、资金、技术等资源方面，农业农村正在不断地被边缘化，乡村衰落渐现端倪。

目前我国乡村衰落主要表现在以下几方面：一是农村人口结构失衡。农村人口结构失衡既表现为农村人口年龄结构的失衡，又表现为农村劳动力素质结构的失衡。城市化的高速发展为农村青壮年劳动力提供了大量的就业机会，许多年轻人不愿意留在乡村发展，大量农村人口外出打工或移居城市，导致农村人口"老龄化"现象过早的出现。同时，农村人口受教育水平较低，缺乏专业技能，而较低水平的农村生活也难以吸引外来人才住留。人口是乡村振兴的根基，乡村人口的不断流失导致乡村衰落不可避免。另外，没有高素质、懂技术、会管理的人才投身乡村建设，乡村振兴也很难落地。二是农村经济发展水平滞后。我国农业的基本特点是人稠地狭、农业投资风险与收益失衡，这是长期制约我国农业现代化发展的因素之一。由于市场资源配置不完善，大量资源从农村流出向城市，从而造成农村产业结构单一，农业发展缺乏产业支撑的局面。建成现代化的农业产业体系是实现乡村振兴的必要条件，因此在大力吸引各种资源向农业农村汇集，努力培育和发展农村二三产业的同时，还要不断地促进农业农村不同产业之间的融合。三是乡村文化凋敝。乡村是中华优秀传统文化的发源涵养之地，乡村文化在生活实践中维系着人们的生产和生活秩序。乡村文化是乡村以及农民赖以生存的精神依托和意义所在。近年来随着城市化的波及和大量青壮年人口的流出，乡村文化的认同感受到了严重的冲击，乡村文化难以传承。同时，各种承载着乡村文化的技艺、风俗面临失传。四是乡村社会治理体系存在隐患。大量外出务工人员和农村留守群体的出现，冲击了乡村原有的社会秩序，传统农村稳定的家庭结构日渐瓦解，而且伴随着城市规模的扩张，房屋拆迁、土地征用等利益冲突导致农村群体事件频发。基层政府和村民自治组织应对能力不足，缺少必要的人力和财力，很难对乡村进行科学有效的治理。五是生态环境恶化。乡村本应是人与自然和谐相处的乐园，但是由于农村治理能力低下，乡村发展缺乏科学合理的规划和有效的监管，部分农村生态环境遭到严重破坏。其实，导致农村环境污染的罪魁祸首不仅限于生活垃圾排放和秸秆柴草焚烧，更重要的是农业生产过程中农药、化肥等各种面源污染物造成污染。农村生态环境日益严峻，不仅恶化了农业农村赖以发展的环境，同时也严重威胁着农村居民的身心健康。

乡村旅游是绿色发展理念指导下催生的新兴产业，与农村经济社会、文化环境等具有很强的兼容性，在解决三农问题方面具有不可替代的作用。乡村旅游要充分把握乡村振兴战略这一政策机遇，充分发挥其在乡村振兴中的驱动作用，积极克服乡村旅游发展中的瓶颈因素。我国乡村旅游发展面临的主要问题：

第一，同质化现象严重。乡村旅游的核心是通过乡村文化和自然风光吸引城市居民观光旅游，但是，目前我国乡村旅游"粗放式"的发展模式导致乡村旅游项目千篇一律,同质化现象严重,有些乡村旅游项目甚至出现过分模仿城市旅游的现象,各类乡村旅游设施单调乏味,破坏了乡村旅游和谐自然人文环境,旅游者难以得到乡村文化和原生态旅游的良好体验。第二,乡村旅游基础设施不完备。多年来乡村建设速度缓慢,许多与乡村旅游配套的公共服务设施匮乏,难以满足乡村旅游发展的需要,主要表现在交通设施落后与医疗卫生设施匮乏方面。乡村道路以及停车场等交通基础设施的落后直接影响了乡村旅游市场的拓展,旅游基础设施直接联系着乡村旅游的供需两端,当联系乡村旅游市场供需两端的"桥梁"被阻断,乡村旅游也就难以持续发展。而医疗和卫生设施的落后更为旅游者增添了后顾之忧,尤其是住宿条件、餐饮卫生是乡村旅游不可或缺的基本要件,其服务水平和卫生状况将直接影响乡村旅游的整体体验和质量水准。第三,缺少专业性人才。在乡村旅游快速发展的同时,人才匮乏问题也日益突出。目前乡村旅游的从业人员大多是本地土生土长的农民,他们缺乏必要的专业知识和服务技能,在乡村旅游产品的开发、旅游市场拓展和日常经营管理方面显得有心无力。虽然乡村旅游产业未来的发展前景广阔,但受制于乡村基础条件和生活水平,乡村旅游还是很难吸引到高素质的旅游管理人才。

深入探究乡村衰落现象和乡村旅游面临的困境,我们可以发现两者具有很强的关联性。乡村振兴的关键是构建现代农村产业体系,乡村衰落的根本原因也是一二三产业未能在农村协调发展的结果。首先,乡村旅游作为新兴的服务业,其发展可以对农村的餐饮、住宿、交通、农产品种植等多个行业形成拉动效应。其次,政策因素在乡村振兴和乡村旅游的发展过程中起着关键性的引领作用,政策的变化往往会对乡村振兴和乡村旅游产生同向影响,两者存在一荣俱荣、一损俱损的共生关系,因此相应的政策要像农业联产承包责任制一样具有长期稳定性。再次,乡村旅游在市场产品开发方面所面临的困境可以通过充分挖掘乡村文化内涵、修复乡村生态环境等措施进行破解,这些相互关联的举措无疑将有助于促进乡村旅游的发展，同时对于改善农村生态环境，提振乡村文化，防止乡村衰落都具有积极的意义。

三、乡村旅游与乡村振兴的关联性

总体上说，乡村振兴战略既是乡村旅游发展的政策基础，同时也为乡村旅游的进一步发展提出了新要求。乡村振兴战略通过协调调动乡村旅游发展各主体的能动性，共同驱动乡村治理建设与乡村旅游发展。乡村旅游对于落实农业农村产业兴旺、生态宜居、乡风文明、治理有效、生活富裕的总要求和乡村振兴战略的早日实现具有不可替代的意义。

（一）乡村振兴战略驱动乡村旅游发展

乡村振兴战略从多角度、多领域规划了未来我国农村、农业和农民发展的方向。乡村是乡村旅游的重要载体和主要活动场所，乡村振兴战略包含着乡村发展中经济、文化、环境、治理等多方面内容，因此乡村旅游的发展不仅要服务于乡村发展中的这些领域，而且乡村旅游要围绕乡村振兴战略谋篇布局。2018年1月发布的《中共中央国务院关于实施乡村振兴战略的意见》指出，乡村振兴必须秉持绿色生态发展的理念，助推乡村旅游发展，充分挖掘乡村旅游的经济效益，建设一批结合乡村特色的优质旅游项目，促进乡村产业升级与融合，为新常态下乡村发展培育新动能。乡村振兴战略确立的农业农村优先发展地位表明我国正在积极扭转以往城乡资源分配不公的格局，同时乡村振兴战略为乡村旅游的持续健康发展提供了政策保障。未来在政策扶持和市场配置双重作用下的农村农业发展，乡村建设必将吸引大量的社会资源进入该领域，而乡村旅游作为依托乡村建设发展起来的新兴旅游产业也必然受益于乡村振兴战略的实施。乡村振兴战略的实施将进一步确立乡村旅游发展的市场主体地位，至于乡村旅游发展出现的不规范不科学不经济等问题，则可以通过乡村振兴战略的逐步推进和政策扶持来补足短板。特别是在乡村基础设施建设领域，通过完善农村公共品的提供加强乡村基础设施的建设，改善农民生活质量，包括兴建和改扩建适应乡村旅游的公路基础设施，农家卫生设施的改善等等，将生态文明建设、美丽乡村建设与乡村旅游环境提升统筹考虑，整体部署，协调推进。在大力引进资金、技术和装备的同时，更重要的是要引进服务乡村旅游发展的经营管理人才，通过高端经营管理人才的引进和乡村旅游从业人员队伍的优化，按照乡村振兴战略的总体要求，推动乡村旅游持续健康的发展。

（二）乡村旅游发展助力乡村振兴战略实现

乡村旅游是乡村文化、自然资源与现代旅游形态的有机结合，近郊度假村、休闲农家乐、传统文化村、生态采摘园等多种乡村旅游形式已为市场和旅游者所熟悉。乡村旅游发展涉及多种产业，也赋予了乡村旅游多维度拉动乡村振兴战略实现的能力。一是乡村旅游有利于农村产业结构的优化。乡村旅游能够充分利用农村本地资源，为农民兴业创业、增产增收创造机会，通过消除贫困、改善民生，实现城乡均衡发展。产业兴旺是乡村振兴战略的具体要求，也是乡村振兴的基本保证，农村产业兴旺既有新创产业的蓬勃发展，也有传统产业的优化升级。在乡村旅游的带动下，传统农业将迎来更广阔的空间实现产业结构的转型升级。一方面乡村旅游的带动作用有利于增加农产品附加值，通过提高农业生产效率推动农业现代化的进程。另一方面，乡村旅游上下游产业涉及广泛，在拉伸延长农产品产业链的基础上，努力实现农业与相关产业的融合。二是乡村旅游有利于改善乡村环境，建设美丽乡村。"绿水青山就是金山银山"，乡村旅游的健康发展离不开绿水青山的生态环境。乡村振兴战略指导下的生态宜居就是不能靠破坏生态环境来换取短期的经济利益，乡村旅游同样不能走先破坏后补偿传统老路。乡村旅游要在新发展理念的指导下为乡村治理探索一条绿色的发展道路，绿水青山与金山银山不再是乡村发展中艰难抉择的鱼与熊掌，而是和谐共生的发展关系，两者共同促进乡村振兴的实现。三是乡村旅游有助于传承乡村文化，构建文明乡村。乡村文化是城市化进程中难得的精神净土，是维系乡愁情感的文化依托，是乡村文明赖以生存的根源，乡村文化的传承和保护也是乡村振兴的重要内容和环节。近年来，我国乡村出现的衰落现象，不仅表现在乡村物质条件的落后，更是乡村文化的失落。对此，乡村旅游要担起乡村文化传承的重任，一方面乡村旅游可以为优秀乡村文化的传播拓展渠道，通过游客的旅游体验感受乡村文化特有的魅力；另一方面，通过乡村文化的传承展示激发当地村民的文化自信，形成乡村文化的保护意识，最终形成文化传承与乡村旅游的良性互动。

四、发展乡村旅游的政策建议

乡村振兴战略，是决胜全面建成小康社会、全面建设社会主义现代化国家的重大历史任务，是新时代做好"三农"工作的总抓手。本节认为，乡村振兴战略的提出，既是新时代我国社会主要矛盾转化对我国农业农村农民发展提出的新要求，也是对城市化和工业化快速发展背景下乡村衰落现象的全面提振。乡村旅游对于落实农业农村产业兴旺、生态宜居、乡风文明、治理有效、生活富裕的总要求，以及乡村振兴战略的早日实现具有不可替代的意义。对此，乡村旅游要充分把握乡村振兴战略这一政策机遇，充分发挥其在乡村振兴中的驱动作用，积极克服乡村旅游发展中的瓶颈因素。相关的政策建议：

（一）创新乡村旅游项目，实现乡村旅游可持续发展

创新乡村旅游项目的关键就是要因地制宜，深度结合当地人文自然特色，改变目前乡村旅游项目同质化现状，让旅游者真正感受到乡村文化的独特魅力，体验乡村绿色自然的生态环境。乡村旅游在大量吸引城市游客的同时，也要加强乡村人文自然环境的保护，这是乡村旅游可持续发展的关键。乡村旅游项目创新还要与传统农业有机结合，通过绿色农业绿色农产品让游客体验绿色旅游的乐趣，这不仅可以丰富乡村旅游的内容，而且

能够促进农村产业融合，推动传统农业的转型升级，实现可持续发展。

（二）加强政府监管职能，合理规划乡村旅游

乡村旅游服务质量的提升，一方面受制于乡村基础设施条件，一方面需要政府职能部门对乡村旅游服务质量加强监管。我国乡村旅游地域分布散、经营主体规模小，行业监管难。由于乡村旅游行业缺少规范的行业标准，服务收费和游客体验常常纠纷不断，这不利于乡村旅游的健康发展。要促进乡村旅游的可持续发展必须严格落实政府职能部门的责任，加大对乡村旅游的行业监管力度，制定统一的行业标准。要避免乡村旅游"粗放式"的发展，对旅游景点建设要进行科学规划，合理利用乡村资源，在保护和改善乡村环境的基础上，拓展乡村旅游的发展空间。

（三）加强基础设施建设投入，创造良好的乡村旅游发展环境

首先，要增加乡村地区基础设施公共品投入力度。我国乡村旅游项目大多分布于山区、丘陵等地形环境复杂交通不便的地区，这不仅给游客出游造成困难，同时也限制了乡村旅游市场的拓展。因此，地方政府要加强农村地区交通基础设施的建设，不仅要建设联系乡村旅游景点和城市的交通网络，对乡村旅游景点周边也要合理规划建设停车场等的交通辅助设施，为游客带来舒适方便的出行体验。其次，地方政府要借助乡村振兴战略的实施，加强乡村规划治理，改善乡村风貌。乡村治理一直是政府社会治理的短板，对于城市旅游者来说，体验乡村旅游最先感受到的就是村容村貌。因此，要合理规划农村民居道路的建设，让农村在保持乡土特色的基础上，给游客以耳目一新的旅游观感。农村公共卫生方面也要加强基础设施的建设，根据乡村旅游的需要合理设置垃圾回收场所和公共厕所，让游客以舒适平和的心情感受乡村文化和环境的魅力。

第五章　乡村振兴战略与生态旅游的融合研究

第一节　乡村振兴战略与乡村生态旅游互动融合发展

乡村战略计划实施的目的是为了最大限度促进农业发展，是国家基于促进城乡经济一体化发展和缩小城乡经济发展差距而实施的一项战略发展计划，农村地区在发展生态旅游方面具有自然资源优势，因此将乡村振兴战略与乡村生态旅游有机结合起来互动融合发展，对于充分利用乡村现有资源促进乡村经济发展具有积极意义。

一、乡村振兴战略与乡村生态旅游实现互动融合发展状态的必要基础

（一）乡村自然生态要具备宜居条件

乡村振兴战略计划和部署过程中，要想将其与乡村生态旅游互动融合发展，必须要保证乡村自然生态具备宜居条件，这是乡村生态旅游产业发展的前提，如果这一前提无法得到保证，乡村生态旅游根本无法实现稳定发展。这对农村地区的生态环境保护工作提出很高要求，需要提前做好规划，恢复农村地区自然生态环境，借助不断加大资金投入和建设力度来提升乡村自然生态环境的保护水平，才能使乡村自然生态具备宜居条件，便于旅游产业开发活动的开展，才能带给人们全新的感受。

（二）提前做好治理工作

为达到乡村振兴战略的实际部署和我国乡村生态旅游互动的融合发展目的，也要特别注意提前做好治理工作，此项工作在开展过程中，要从稳步提升融合发展质量的角度来积极展开治理，还要充分考虑地方制定的产业发展规划，将产业发展规划与乡村振兴战略计划的实施充分融合起来，积极改变乡村居民对生态环境治理工作的重视力度，借助治理活动的开展促使乡村整体面貌焕然一新，为大力发展生态旅游产业，促进融合发展创造有利条件。

（三）积极引领村民参与到相关产业发展之中

为了有效促进乡村振兴战略与乡村生态旅游互动融合活动的持续深入，要积极引领村民参与到相关产业的发展之中，这对农民的素质提出很高的要求。为使农民能够更有效地参与相关产业发展，需要做好对农民的教育与培训，以此来提升农民的服务意识和创业激情，使他们能够结合生态旅游产业的发展，积极转变农业经营和发展理念，积极开展特色种植养殖，丰富农业产业发展类型，才能借助农业产业结构调整，不断提高收入，使更多农村居民能够留在当地发展，为地方经济发展和乡村振兴战略计划的实施提供人力资源支持。

二、乡村振兴战略与乡村生态旅游进行互动融合的时代优势

（一）积极适应产业结构调整形势的必然选择

乡村振兴战略在实际的实施和部署期间，最重要的一项工作就是产业结构调整。尽管国家不断加大对农业的支持力度，但我国大多数农村地区在产业结构方面依然存在着不合理的问题，这直接导致农民无法借助发展农业获得较高收入。在生活压力不断加大的情况下，很多农村居民只能选

择到城市务工，致使很多土地被闲置，严重影响农业发展，也对新乡村振兴战略计划的实施产生了不利影响。为促使乡村资源的优势充分显现出，积极将乡村振兴战略与乡村生态旅游产业发展结合起来，走互动融合发展之路就成为目前乡村的必然选择，这是适应产业结构调整形势的需要，只有做到两者的互动融合，才能借助不断发展旅游产业来带动农村经济的稳步发展。

（二）充分利用农村现有资源的必然选择

相比城市，农村区域在发展生态旅游产业方面最大的优势就在于自然生态资源，对于生活在城市的居民而言，他们渴望亲近自然而农村恰恰能够为城市居民提供亲近自然的机会，而且伴随着国家对生态环境保护力度的不断加大，农村地区的生态环境也在不断好转。在这种背景之下，积极将乡村振兴战略与乡村生态旅游结合起来，走互动融合发展之路，也是充分利用农村现有资源发展经济的必然选择，只有充分利用自身的优势，才能提升乡村振兴战略计划实施的有效性。

（三）缩小城乡差距实现农村经济跨越式发展的必然选择。

目前城市和乡村经济在发展水平上存在着较大差距，如何才能减小城乡经济之间存在的发展差距，这也是摆在各级政府面前的一个现实问题。对于农村而言，想要在乡村振兴战略计划实施过程中走工业化发展之路，还面临着基础设施落后、区位优势不强、资金资源不足等方面的困难。以乡村生态旅游产业的发展作为发展方向，能开创出一条新的发展之路，因为发展旅游产业能最大限度利用乡村现有资源。在产业实际发展期间，也能为农民就近提供工作岗位，而且借助旅游产业的带动，广大农民也能借助积极参与旅游服务产业来不断提高收入，这对于缩小城乡差距、实现农村经济跨越式发展也能产生重要作用。

三、乡村振兴战略与乡村生态旅游的互动融合现状和不足之处

（一）缺乏资金支持

乡村振兴战略实施过程中，要想与乡村生态旅游产业实现互动融合发展，需要投入大量资金来做好基础设施建设。这对于广大农村地区而言，是严重制约相关产业融合发展的首要因素。大多数农村在实施乡村振兴战略计划的过程中，资金需求方面都严重依赖国家有关部门的财政扶持。由于农村地区基础设施建设力度不足，在短期很难取得收益，想要吸引外部资金，也面临着很大难度，正是由于缺乏资金支持，导致乡村振兴战略与乡村生态旅游产业融合发展面临着很的困境。

（二）缺乏凸显特色的产品

生态旅游产业与乡村振兴融合发展也需要有特色产品的支持，但在目前乡村生态旅游产业发展过程中，不少地方并没有充分结合当地特色推出一些具备当地民族文化特点的旅游产品。由于缺乏有关部门的引导和专业企业的运营，导致我国很多地区在乡村振兴战略实施过程中，无法将当地特色农产品和民族文化产品与乡村生态旅游互动融合工作密切结合起来，严重制约相关产业的快速发展。

（三）缺乏统一规划与管理

乡村振兴战略在实施过程中，要想使其与乡村生态旅游实现互动融合，还需要在前期做好统一规划与管理，这是提升生态旅游产业发展质量的前提，也是促进其与乡村振兴战略有效互动融合的重要手段，但目前大多数农村地区在全面推进此项工作的过程中，并没有在前期做好科学规划设计。由于管理人才匮乏，在后期管理过程中也存在着管理缺乏科学性的问题，

这对农村大力发展乡村生态旅游产业，全面推进乡村振兴战略计划实施也会产生极为不利的影响，而且由于提供的服务无法满足游客需要很难吸引游客。

四、乡村振兴战略与乡村生态旅游的有效互动融合发展模式

（一）不断加大前期的规划力度

在乡村振兴战略计划实施过程中，为使战略计划与乡村生态旅游实现互动融合发展，前期必须充分做好规划设计，要借助科学有效的布局来充分利用乡村生态旅游资源。在规划设计过程中也要充分考虑地方的民俗文化、特色产业、传统村落等设计出形式多样的旅游线路。要不断加大规划力度，将乡村发展旅游产业可能会涉及的资源充分融入规划设计活动中，将分散在各地的旅游资源有机结合起来，以此打造出独具乡村特色的旅游线路，借助旅游产业的发展来带动农村产业结构调整为农民增加收入创造条件，从而实现互动融合发展的目标。

（二）加大对原生态自然景观的开发力度

随着现代人审美意识的不断提升，旅游过程将更加注重原生态，面对这一问题，乡村振兴战略和生态旅游互动融合要不断加大对原生态景观的开发力度，力求在开发过程中，将人与自然和谐发展的理念充分融入产业发展之中，避免对原生态自然景观的破坏，最大限度向人们展示原生态自然景观，充分展现生态旅游的特点。要将独具农村特色的乡村文化充分融入自然景观开发之中，使游客在游览的过程中，既能充分感受到原生态自然景观之美，也能不断加深对农村居民传统生活的认识，借助这种方式带给游客全新的生活体验。由于大多数城市居民并没有机会体验农村生活，借助乡村生态旅游产业的发展能够将独具中国特色的农耕文化充分展现在

每一名游客面前。借助这种方式，每一名游客都会不断加深对我国传统农业产业发展的认识，也能提高游客的旅游体验，使游客充分融入旅游活动中。

（三）充分利用网络优势做好宣传工作

当前信息技术的普及无处不在，各种自媒体平台已经成为人们日常生活中重要的信息来源和消遣娱乐方式。在这种背景之下，农村地区发展乡村生态旅游也要改变传统的思路，要积极利用网络优势做好宣传工作。以塑造乡村生态旅游良好的社会形象、充分展现特色旅游项目的魅力为主要目标来开展形式多样的宣传活动，借助这种方式能吸引更多游客关注景点，同时也要积极在新媒体平台上建立网上宣传平台，利用好微信公众号、抖音直播等人们喜闻乐见的传播方式来充分展示乡村生态旅游的特色，开展优惠促销等活动，吸引游客参与其中。此种模式下，乡村生态旅游项目的宣传信息会精准地借助自媒体平台传递到每一个目标客户手中。为更好宣传乡村生态旅游景点优势，要结合一年四季乡村独特的自然景观来积极打造精品旅游节，在旅游节活动开展过程中要主动邀请网红参与到直播活动中，利用他们在互联网上的影响来提升生态旅游景点的社会影响力，这对于促进产业发展也能产生积极作用，要借助直播扩大景点的知名度，使景区良好的形象和优美的自然风光，被社会公众所认知。

（四）积极创造条件吸引社会投资

在国家积极推进乡村振兴战略计划实施的进程中，单纯依靠基层政府和村集体来发展相关产业并不现实，需要积极创造条件，吸引社会各界广泛参与，借助融资渠道的多元化来妥善解决产业融合发展过程中对资金的需求，为旅游产业的发展创造良好条件。为使此项工作能取得理想效果，首先需要政府招商引资部门积极做好优秀旅游企业的引进工作，借助合作设立旅游开发公司，促进乡村生态旅游产业的规范发展，并以此形成产业发展实体，改变以往乡村生态旅游发展过程中无法获取金融机构贷款支持的窘迫境地。政府有关部门要结合乡村生态旅游产业发展的需要，引导金融机构提供低息贷款，促进产业发展；在国家编制林业发展规划旅游产业发展规划时，要充分考虑对乡村生态旅游产业的支持力度，要为社会各界参与乡村振兴战略计划和生态旅游产业发展提供机会；要落实国家对生态旅游产业的扶持政策，借助社会各界的积极参与，来改变目前产业发展过程中资金投入力度不足的现状。

（五）积极做好旅游专业人才的引进

为有效促进乡村振兴战略，与乡村生态旅游互动融合发展，要结合乡村生态旅游产业发展过程中欠缺旅游专业人才的现状，积极从相关高等院校做好旅游专业人才的引进，要将人才引进作为目前一项重要的工作来开展。借助专业人才的引进，帮助乡村系统全面地开展旅游资源开发，充分利用旅游专业人才所具备的专业技术优势，充分挖掘农村独具特色的民俗文化、农耕文化、特色农产品等旅游资源；引领广大农村居民积极投入到相关产业的发展之中。借助这种方法能不断提升乡村生态旅游的特色，使游客在旅游过程中感受到乡村生态旅游与普通景区旅游的不同，从而全身心融入旅游活动中，体验不一样的文化。对于农村原有的民俗建筑如魁星楼、山神庙、古树等，要最大限度予以保护。在旅游产业发展过程中，要组织专业人才对其文化内涵进行深度挖掘，以此来提升乡村生态旅游的文化属性，使专业人才充分发挥出自身优势，为乡村生态旅游与乡村振兴战略计划的融合发展创造有利条件。

（六）认真做好景区的生态环境保护工作

在乡村生态旅游产业发展过程中，原生态的自然环境是吸引游客的主要因素，如果在旅游开发过程中破坏原生态环境将会对乡村生态旅游产业的发展带来严重的负面影响。为规避这一问题，需要在景区开发的过程中，积极做好生态环境保护规划工作，在各个旅游项目开发与建设过程中，要最大限度减少对自然生态环境的破坏。各相关单位都要在开发与建设中充分融入生态保护的理念。景区也要积极利用横幅、电子显示屏来宣传生态保护的相关理念，强化每一名游客对自然环境的保护理念。

第二节　乡村振兴战略下乡村生态文明建设与乡村生态旅游

　　党的十九大报告提出乡村振兴战略，确定把产业兴旺、生态宜居、乡风文明、治理有效、生活富裕作为我国乡村振兴的具体要求。其中，生态宜居是建设美丽中国的关键。农业是生态产品的重要供应者，农村是生态保护的主题区，生态是农村的一大发展优势。产业振兴和生态宜居是农村发展的关键着眼点。实施乡村振兴战略，统筹治理山水林田湖草，创新农村绿色发展方式，加大农村人居环境整治力度，有利于搭建人与自然和谐共生的农村发展新格局，实现百姓富和生态美的统一。

　　在农村生态旅游发展中，可持续发展是一个永恒的主题。乡村生态旅游的可持续发展是乡村振兴的重要方面，是促进农村经济发展的特色产业。其可持续发展采用高质量、环保和科学的管理方式具有以下优势。一是可以深度挖掘旅游资源潜力，培育更多优势要素资源，发挥乡村旅游的产业优势，增加旅游资源的纯经济剩余。二是可以开发和保护乡村旅游资源，维护和美化乡村人居环境，维护农村生态平衡，弘扬民族文化，提高管理规范程度。三是可以集聚农村发展中的各类资源和要素，带动农村各类产业发展，提高农村经济增长效率，解放农村剩余劳动力。综上，乡村生态旅游可持续发展不仅可以极大地促进乡村振兴战略实施，同时有利于乡村生态环境质量提高和软形象建设。

一、乡村振兴战略、乡村生态文明建设和乡村生态旅游概念

（一）乡村振兴战略

党的十九大提出实施乡村振兴战略，强调优先发展农业农村，推进城乡一体化，把农村和城市放在平等地位。

乡村振兴战略中对"三农"工作的重大决策部署是具有决定性意义的重大历史任务，是新时期做好"三农"工作的总抓手。

（二）乡村生态文明建设

生态兴则文明兴。习近平总书记在 2018 年 5 月全国生态环境保护大会上指出，生态文明建设是关系中华民族永续发展的根本大计。中华民族向来尊重自然、热爱自然，绵延 5000 多年的中华文明孕育着丰富的生态文化。

乡村生态文明建设是全面推进乡村振兴的重要内容。乡村生态文明建设周期较长，土壤、大气和水域的治理与保护都有其内在规律，要认识且尊重其发展规律，保护好乡村生态环境。

（三）乡村生态旅游

1983 年，国际自然保护联盟的生态旅游特别顾问 Ceballos Lascurain 提出了生态旅游的概念。生态旅游是指通过整合自然资源，培养公众对自然环境和文化的欣赏和保护能力，从而形成可持续发展的旅游模式。

与传统旅游业不同，生态旅游强调自然保护、游客教育和社区利益，是旅游业发展的主要趋势之一。乡村生态旅游是以乡村为依托的一种具有生态旅游内涵的综合性旅游，是乡村旅游发展的一种新模式，与传统乡村旅游相比，既能满足游客休闲娱乐、观光旅游、农业学习的需求，又具有生态体验和生态教育的功能。注重保护资源和环境，有利于农村经济协调发展。

二、乡村振兴、乡村生态文明建设和乡村生态旅游的关系

乡村振兴战略的目标是人民生活富裕，乡村生态建设和发展、乡村生态旅游的目标是让农民致富。乡村生态建设要毫不动摇地走绿色发展道路，对农村突出环境问题要进行专项治理及综合治理，让良好的乡村生态成为乡村振兴的制胜支撑点；要在乡村生态建设中贯彻生态可持续发展理念，在乡村生态旅游发展中贯彻农业绿色发展理念。

农业是国民经济发展和建设的第一产业，旅游业属于第三产业。在乡村振兴发展的新环境下，农业与旅游业融合正成为农村经济发展的增长点。在乡村振兴的时代发展背景下，良好的乡村生态文明建设将为区域内乡村生态旅游发展夯实基础，同时乡村生态旅游的发展也将推动乡村生态文明建设转型升级，二者相互交融，相得益彰，共同发挥各自的巨大推力，推动实现乡村振兴这一伟大建设目标和任务。乡村生态文明建设为乡村振兴提供生产要素，乡村生态旅游通过促进农村经济发展影响乡村振兴。乡村振兴过程中的乡村建设，为乡村生态文明建设和乡村生态旅游建设提供了支撑条件和基础设施。

三、当前乡村生态建设与乡村生态旅游的交叉问题与困境

（一）生态旅游的概念不明确，缺乏整体意识

生态旅游是美丽乡村发展的基础，其在带动区域和地方经济发展方面具有重要的社会和经济价值。但是在当前的生态环境旅游开发实践中，也存在着一些对生态旅游认识不清、概念泛化、生态旅游实践滞后、不科学等问题。例如，在生态旅游具体发展过程中，不重视生态体验和现实参与，生态平衡意识淡薄；在认知层面，认为生态环境旅游只是营造自然环境景区，导致生态发展不理想。因此，必须强化生态旅游和生态环境旅游理论方面

的研究，科学定义生态环境旅游的概念，积极为生态环境旅游发展探索正确、可持续的发展思路及道路。

（二）消耗了当地农村资源，村民利益没有明显增加

乡村旅游在促进当地经济发展的同时，必然会消耗当地的各种资源，在极大地改变当地居民的生存空间和资源格局同时，也会对当地产生一些负面影响。

一些乡村旅游项目，由于管理不善，居民无法从旅游业中获得经济利益，或利润不足以弥补乡村旅游活动的影响和生态环境的压力，导致居民产生抵触和厌烦情绪，阻碍了当地乡村旅游产业的发展，加剧了社会矛盾，不利于和谐美丽乡村建设。

（三）同质化发展严重、缺乏深度参与性

目前，乡村旅游发展存在同质化问题，旅游活动缺乏创新。大多数村庄采取农业和旅游业综合发展的模式。游客来到乡村，一般只能体验乡村独特的生态资源、气候资源和食物资源；村民对农产品的销售只停留在初加工状态，技术含量低，可替代性强。这种浅层农业观光旅游和初级农产品销售是目前比较常见的乡村旅游发展模式，很难有核心竞争力和市场抗风险能力，很难突出和宣传当地的农村特色。

（四）缺乏科学合理的规划管理，职责权限不明确

乡村生态文明建设和乡村生态旅游发展缺乏科学合理的系统规划和高效管理，没有结合乡村的自身实际情况，同时缺乏与之高度匹配的管理体制，各部门、各单位之间的职责权限不明确，使相关工作效率低下。

四、对农村生态文明建设和发展乡村生态旅游的建议

（一）强化统筹意识

生态旅游是一种以自然资源为基础的旅游。在产业发展过程中，应坚持生态优先原则，形成"在开发中保护、在保护中开发"的发展模式。要加强乡村生态文明建设，强化统筹意识，长期坚持在打基础、谋效益上面动脑筋、下狠功夫。在发展乡村生态旅游的过程中，一些农村地区的自然资源必然会涉及国家和集体 2 种类型。要处理好所有权、使用权、经营权、处置权、收益权等各种权益的分离和统一问题。要在充分考虑农村生态文明建设特殊性的基础上，把党和国家的政策与当地实际情况有机契合起来，把乡村生态文明建设与当地乡村经济振兴、政治建设、文化引导、社会发展以及党的建设有机统一起来，运用文化、法律、道德、经济等各种手段，全面系统地推进两者共同发展。要积极进行乡村生态旅游建设，以此作为发展的撬动点，全面系统地推进乡村生态修复和环境整治，从而产生巨大的"撬动效应"，实现乡风民俗和生态环境的根本改善，为乡村振兴贡献力量。

（二）加强配套制度建设

乡村生态文明建设必须建立一套完善的配套制度，推进农村生态文明建进程。习近平总书记指出："只有实行最严格的制度、最严格的法治，才能为生态文明建设提供可靠保障。"在发展乡村生态旅游的过程中，必须牢牢坚守住农村的自然生态资源，树立生态红线意识，严守生态功能保障底线和环境质量安全底线，不触碰自然资源的利用上线。

（三）秉承绿色、可持续发展理念

发展乡村生态旅游必须秉持绿色可持续发展理念，完善生态旅游规划。

发展生态旅游必须合理开发利用自然资源，不能以牺牲环境为代价发展生态旅游产业。发展生态旅游是一项涉及衣、食、住、行、娱的系统工程，要对自然风光、乡俗文化等进行科学合理、可持续发展的产业规划。乡村生态建设周期长，对大气、水、土壤的治理都有内在规律，恢复受污染的土地、水域、森林都需要数年甚至更长的时间。因此，推进乡村生态文明建设没有捷径可走，必须摒弃急功近利的思想，踏踏实实做好每一项工作。

（四）优化乡村居住环境，完善基础设施

发展乡村生态旅游，首先要完善乡村基础设施建设。乡村基础设施建设要充分保留当地原有的地貌，因地制宜，给游客带来有特色、有吸引力的视觉体验。要从多个方面改善乡村旅游的服务条件，最大限度激发人们的旅游欲望。政府和农村居民要不遗余力地改善乡村环境，完善乡村基础设施建设，加强乡村生态文明建设，大力促进乡村生态旅游产业发展，吸引更多游客，促进乡村经济增长，实现乡村振兴。

（五）避免同质化竞争，走创新改革的新路线

乡村旅游目的地的旅游产品结构应向多样化转变。乡村旅游目的地的目标市场要从城市居民扩大到城乡居民。我国庞大的人口基数决定了旅游消费的总体规模。随着我国小康社会的建成，农村家庭也普遍具有一定的旅游消费能力，其旅游消费能力将随着乡村振兴的推进而不断增加并持续提升。为了应对城市居民和农村居民2个目标市场的不同需求，扭转乡村旅游目的地之间同质化竞争的局面，乡村旅游决策者应该突破固有的思维定式、跳出现有框架，留住乡愁，保持乡土气息，大力开发丰富多彩的旅游产品，通过区域协调，强化乡村旅游目的地之间旅游产品类型和形式的差异。

农村的繁荣与国家的繁荣密切相关，农村的衰落必然影响国家发展。乡村生态旅游可以在保证生态效益的基础上，实现人与自然和谐发展，提

高经济效益，其不仅可以提高当地居民的生活质量，改善居住条件，还可以促进当地旅游业、手工业等产业的发展。大力发展乡村生态文明建设和乡村生态旅游，可为推进乡村振兴提供内生动力和新思路。

第三节　乡村振兴战略下民族生态旅游经济发展

在乡村振兴战略背景中推动民族地区生态旅游经济转入高质量发展阶段是当务之急，推进生态旅游经济的高质量发展是民族地区实现旅游经济循环和旅游可持续的重要途径。在乡村振兴战略背景中，民族地区生态旅游经济高质量转化路径可从以下几方面展开：调整民族地区生态旅游经济循环规模；赋能民族地区生态旅游经济质量效益提升；推动民族地区生态旅游经济走内涵式发展道路；参与民族地区生态旅游经济治理能力提升。

一、生态旅游经济的本质、形成和发展模式

（一）生态旅游经济的本质

关于对生态旅游的理解，不同的学科有着不同的理解，1992年生态旅游协会将生态旅游定义为："为了解当地环境的文化与自然历史知识，有目的地到自然区域所做的旅游。这种旅游活动的开展，在尽量不改变生态系统完整的同时，创造经济发展机会，让自然资源保护在财政上使当地居民受益。"

从两个层面理解生态旅游。一是生态旅游作为一种旅游类型，完成部分旅游者在旅游活动中洗肺的旅游目标，对旅游目的地有着极高的自然生态环境要求。二是生态旅游作为一种旅游行为，这种方式约束着旅游开发商、旅游者等，展现为一种精神层面的生态平衡共鸣。

（二）生态旅游经济的形成

生态旅游经济形成于生态环境资本化的发展过程，生态成为一种经济资本产生经济收益。但在此基础上，生态旅游经济的形成受到诸多方面的共同影响，必须满足以下条件才能形成生态旅游经济。

第一，资金投入与政府支持。生态旅游经济的形成离不开政府的资金支持以及开发商的资金注入。第二，人力人才资源。生态旅游经济的形成，需要大量的人力以及人才资源。第三，发展模式规划与法规制定。生态旅游经济的形成，需要因地制宜，对当地地理环境进行评估，建立不同的开发模式，通过法律法规约束游客的不文明行为，加强法制教育、设立惩罚机制，构建生态旅游经济。

（三）生态旅游经济的发展模式

民族地区生态旅游发展模式因地制宜，因地势、地形影响具有极大的丰富性。主要有欣赏观光型、民俗文化型、休闲度假型3种生态旅游发展模式。结合乡村振兴战略的总要求可以发现，现行的主要发展模式虽然存在一定问题，但是仍有可取之处。首先，注重农旅融合，关注生态环境的重要性，将"绿水青山"变为"金山银山"已经开始初步实现。其次，民俗文化也成为重点关注对象，优秀乡土文化是当地重要的财富，也是吸引游客的重要资源。再次，实行多产业融合，在区域内整合多种产业，实现各种产业共同发展的良好新格局。因此，现行的产业模式，为乡村振兴战略背景下的生态旅游发展奠定了良好的基础。

二、乡村振兴战略对民族地区生态旅游经济解析

民族地区所处的资源环境优势，必然需要发挥其价值以实现经济收益，生态资源也就成为振兴民族地区乡村的主要动能之一，在此过程中产生了多维和复杂的影响。生态环境已经转化为资本参与民族地区经济发展，存

在可量化、可分解、可使用、可增值的特征。生态资源转化为生态资本，融入旅游发展成为生态旅游经济，使得民族地区文化资本、物质资本、人力资本结合在一起。生态旅游经济成为振兴民族地区乡村的内生动力，推动地方经济、生态、社会的可持续循环发展。

（一）乡村振兴战略背景下生态旅游经济的协调作用

我国民族地区的经济发展和生态保护是当前的重要问题。乡村振兴战略背景下，民族地区的生态和乡村振兴可以有效地融合，在发展生态旅游的同时，促进经济的发展，实现生态与乡村振兴的协同发展。为了进一步完善良好的协同关系，要在生态旅游中获取更理想的生态保护效果和经济效益。

第一，生态旅游经济是实现乡村振兴，让绿水青山变为金山银山的主要功能之一。第二，生态旅游经济是解决民族地区保护与发展矛盾的最佳选择。第三，生态旅游经济是推动中国综合农协建设的重要方式。第四，生态旅游经济是实现生态宜居改造的重要途径。第五，生态旅游经济是提升民族认同感和文化自信的必然举措。

（二）乡村振兴战略背景下生态旅游经济的循环作用

发展乡村生态旅游业，极大地推动了经济的发展，其发展过程呈现"生态—乡村—生态"的循环关系，通过发展生态旅游，实现生态效益与经济效益的统一。循环经济减少了资源的浪费，改善了乡村的污染和建设问题，保证资源的合理分配，促进区域平衡发展。在开展生态旅游进程中，维持旅游生态平衡是关键，生态系统平衡是指生态系统在一定时间内，结构与功能的相对稳定状态，并能在外来干扰下通过自我调节或人为控制保持这种稳定状态。

维持旅游生态平衡主要包括 3 个方面，即文化生态、资源生态、经济生态。应用整体、系统的观点维持旅游生态平衡，而经济生态平衡是协调旅游开发过程中各个利益相关者的关键，是实现民族地区生态旅游高质量发展的重中之重，也是乡村在受益过程中保护生态的一个循环往复过程。

三、民族地区生态旅游经济存在的问题

（一）乡村产业融合发展不足

民族地区乡村以发展农业为主，也就是第一产业为主，缺乏与第二、第三产业的融合，乡村想要实现产业兴旺，一定要将一二三产业深度融合。在现有的生态旅游产业体系中，文、体、农、旅深度结合发展的概念较为普遍，通过旅游实现这几个方面的深度融合具有现实意义。

（二）功能角色错位

政府配套制度不足，缺乏发展理念，功能角色错位导致过分依赖开发企业。当前少数民族地区利用自身具有的环境与文化生态资源，基于乡村振兴战略大背景下大力发展旅游，以实现旅游脱贫的目的的自觉不够。在发展生态旅游时，政府缺乏专业的生态旅游产业融合的意识，对于打造具有特色的新型生态融合产业形态的政策支持力度不够。

（三）利益相关者分配不合理

经营者追求利益最大化，旅游产品同质化严重，利益分配不合理导致利益冲突。第一，企业遵循利益最大化原则，而生态旅游则限制了游客的数量，游客数量控制与经济利益最大化的关系难以协调。第二，在生态旅游发展中，当旅游经营者和生态旅游者进入之后，经营者成为环境的最大受益者，而当地居民却成为负面影响的承受者。第三，盲目的扩张市场导致产品同质化现象严重。

（四）居民生态理念淡薄

当地居民生态理念淡薄，外来文化冲击原有思想，利益分配不均易滋生抵触情绪。外来游客的涌入，在带来经济效益的同时也带来了许多新的文化冲击。当地居民的生产生活成为旅游资源，打破了原有的生活状态，村民在思想与行动上更加功利化，原来淳朴的民风民俗逐渐没落，文化生态遭到严重破坏。

四、民族地区生态旅游经济高质量转化路径

从旅游业高质量发展坚持质量第一、生态效益优先、时代特征几方面分析，在乡村振兴战略背景下提出民族地区生态旅游经济，可以从以下几个方面实现质量效益提升，实现民族地区生态旅游经济的高质量发展，振兴民族地区乡村。

（一）培育"生态 + 产业"

深化旅游业与其他产业的产业联动，深度融合并延长产业链。民族地区生态旅游经济在经济飞速发展、竞争日趋激烈的大环境下实现"生态 + 产业"的发展方式是必然，尤其是全域旅游的发展，这种联动性使得旅游发展协调带动民族地区的全域发展，从全要素、全行业、全过程、全方位、全时空、全社会、全部门、全游客 8 个层面推进"一业兴，百业兴"的发展，从而使得生态农业在旅游中实现增值观光收益、旅游特产收益、农业体验收益等，民族文化环境资源也同样实现产业链延长的征收。

（二）强化"生态宜居"

改善人居环境是实施乡村振兴战略的重要环节，关系到民族地区广大农民，农村基础设施是脱贫攻坚时期整治人居环境的重点领域，已经取得较大的基本成效。民族地区生态旅游的发展前提是当地基本具备宜居条件，

民族建筑特色、居住文化习俗、居住服务能成为当地旅游吸引力的要素，在游客进行旅游活动的适应性、进入性、舒适性上能凸显重要作用，成为赋能民族地区生态旅游经济质量效益提升的重要基本点。

（三）树立"生态文化观"

生态文化观的目标指向是生态文明，文明是文化的积淀，是文化的精华。民族地区生态文化是人与自然和谐相处的文化，民族地区发展旅游经济生态环境是其优势，民族文化的吸引力也是开展旅游活动的决定性条件之一，树立生态文化观是实现民族地区文化的持续性、循环性、协调性发展，实现文化生态平衡的重要抓手。

（四）健全"生态旅游体系"

民族地区发展生态旅游经济，可以带动相关产业的融合发展，但由于产业融合有复杂的利益主体，"九龙治水"一直是民族地区发展中存在的问题之一。破解各个利益主体在生态旅游经济中的不同诉求，建立健全民族地区生态旅游体系迫在眉睫。生态旅游体系包括生态文化体系、生态经济体系、生态制度体系、生态安全体系、生态治理体系。各利益主体可以在生态旅游体系中相互协调，从而维护好民族地区环境生态、经济生态、政治生态、社会生态、文化生态，提升民族地区生态旅游经济的治理水平。

第四节　乡村振兴战略下乡村生态旅游资源开发建议

乡村生态旅游的发展，离不开生态旅游资源的支持，要重视乡村振兴环境下乡村生态旅游资源的开发和利用，通过各种科学合理的措施来充分开发利用生态旅游资源，实现旅游资源的创新发展，构建特色化和创新性的乡村生态旅游环境。

一、乡村振兴环境下生态旅游发展的重要性和价值

（一）有利于推动乡村产业发展

乡村振兴战略的发展是以乡村产业化发展为基础的。一直以来，受到多种因素的影响，我国乡村地区的产业化发展水平并不高，大多是以种植业和养殖业为主，产业化发展的结构非常单一，发展规模和发展效率较低，并且这些农产品的发展方式大多是自产自销，发展速度较慢。

在乡村振兴战略环境下发展生态旅游，可以通过旅游业来实现其他产业的联动性发展，同时促进其他相关产业的发展，比如，在乡村生态旅游发展的过程中，通过旅游业带动当地农副产品的销售，带动餐饮、住宿、文化娱乐、纪念品加工等多种产业的发展，真正实现通过一业兴百业的发展目标，实现乡村农业产业结构的升级和发展，推动乡村产业化发展。

（二）有利于提升乡村生态居住环境

生态旅游指的是在可持续发展理念指导下，实现人和自然协调发展，以保护生态环境为基础，借助于良好的自然生态环境来实现的一种人文性的生态环境保护的旅游方式。换句话说，也就是要以乡村的生态环境保护为基础，以乡村产业化发展、生态环境发展、乡村独有的生产方式、风土人情和乡村文化等为主要旅游资源，通过这些乡村旅游元素来吸引更多的人来到乡村中进行学习、游玩、娱乐、游览、餐饮、度假等活动。

生态旅游的发展，在强调旅游的同时，也强调了生态环境的重要性，所以在构建良好生态旅游的同时，在很大程度上也促进了生态环境的完善和发展，让乡村成为更加适合居住的环境。

（三）有利于加强乡村社会治理

在乡村振兴战略环境发展下，乡村社会治理是重要的保障和基础。乡村生态旅游目的地是一个系统的整体，但是在这个整体发展过程中需要多个主体的共同负责，这些不同主体该怎样协调配合是一个需要探讨的问题。

在乡村振兴战略环境下，乡村生态旅游的发展，需要实现各个管理主体的相互配合和协调，充分发挥出各自的职责和优势，协调乡村生态旅游发展中的关系，平衡彼此之间的不足，从而形成统一良好的管理制度，乡村旅游倒逼乡村社会进行各方面的治理，以加强对生态旅游的管理，提高管理效率和质量，为乡村发展和振兴创造良好的基础和保障。

二、乡村振兴战略环境下乡村生态旅游资源开发中存在的不足

（一）旅游资源开发呈现出粗放型态势

缺少规划、缺乏监管是乡村生态旅游产业中普遍存在的问题。一些旅游企业为了获取政府部门提供的各种经济补贴，一味进行开发，缺乏实用性和规范性，不仅浪费了大量的人力、物力和财力，同时也造成了旅游资源的浪费，让乡村生态旅游资源的开发呈现出粗放型的态势，严重影响到了生态旅游资源的利用及生态旅游的创新发展。

（二）乡村生态旅游开发项目缺乏文化内涵

乡村生态旅游资源开发的文化内涵主要是指为了实现生态旅游资源的合理开发和利用，在资源开发的过程中赋予旅游开发资源一定的文化特性，从而区别于市场中的其他旅游资源。文化内涵是乡村生态旅游发展的重要支撑，也是在激烈的旅游市场中获取一定地位和竞争优势的主要方面。

但是，受到多种因素的影响，一些乡村在生态旅游资源开发过程中，没有充分地体现出文化内涵和品质，文化内涵的挖掘不够深入，同质化严

重，不能对游客产生很强的吸引力。

三、乡村振兴战略环境下乡村生态旅游资源开发建议

（一）政府主导，推动生态旅游资源产业化开发和发展

生态旅游资源开发实质上就是一种经济活动发展，因此在推动生态旅游发展的过程中要以市场发展为导向，适应市场发展规律，同时也要遵循政府管理引导的作用。乡村生态旅游是一种综合性较强、涉及方面较广的产业，在其发展过程中，当地政府要发挥主导作用，加强市场监管，借助于公共服务的力量来开发生态旅游资源，为乡村振兴战略发展目标的实现提供重要的保障。

首先，当地主管部门要制订好发展规划。地方政府部门要根据当地生态旅游资源的实际情况制订相关的发展规划和资源开发指导文件，当地的农业、旅游、林业、科技和自然资源等部门应加强合作与交流，利用各个部门的优势指导乡村生态旅游资源开发，重点突出当地的地方特色，构建创新性和唯一性的生态旅游发展项目，推动乡村生态旅游的健康发展。

其次，要发挥出政府部门的质量管理作用。政府部门要对乡村生态资源开发把控好准入关，对每个乡村生态旅游资源开发企业进行资质审核，吸引优质的投资商源。政府部门还要加强规范化管理，制定统一的管理标准，实现资金管理、资源开发、生态保护等工作的统筹发展，为乡村生态旅游更好地发展提供重要的政策保障。

再次，要不断推进乡村生态旅游发展模式的创新改革，为资源的开发和充分利用创造更好的环境。政府部门要发挥引导作用，引导旅游企业主动顺应旅游市场变化，不断改善经营模式，调整资源结构，改革和创新旅游资源，以集约化和市场化来推动乡村生态旅游的发展。

（二）加强乡村基础设施建设，促进乡村生态旅游产业的发展

要加强对乡村的水利、道路、电力、环境卫生、排污、网络等各项基础设施建设的力度，拆除落后、陈旧的基础设施，提升游客的旅游体验。最为重要的是要加强交通、医疗、住宿等基础设施建设，为游客提供更多的便利。

（三）重视乡村生态旅游资源的开发和环境保护工作的协调统一

乡村生态旅游资源开发时要重视乡村生态环境的保护，重视乡村青山绿水的保护，并以此为切入点，构建乡村旅游产业和生态产业的协调统一发展。乡村生态旅游资源的开发，会造成土壤污染、水污染和环境污染等，应尽量避免超过环境承载限度开发的现象。

（四）重视乡村生态旅游资源文化内涵的构建和培养

乡村生态旅游是一种新发展起来的旅游服务性产业，在乡村生态旅游发展的过程中，最为重要的就是要提升乡村生态旅游资源的文化内涵和文化品位。

关注当地旅游资源的风土民情、民俗文化、乡土文化等，并以此为参考，在开发乡村生态旅游资源的过程中开发和设计出更多具有文化品位和艺术品位的旅游产品。

第五节　乡村振兴战略下生态旅游产业与健康产业的融合

目前我国的乡村旅游整体上仍停留在以文化或自然观光为主的"单核"发展模式上，由于缺乏足够的内容载体，使得游客的停留时间短，消费水

平低，对乡村振兴的作用相对有限。改革开放 40 多年以来，中国的经济高速发展，物质生活极大丰富。伴随而来的人口老龄化、亚健康、环境污染、食品安全等问题也日益凸显。广大民众在经济富足之后，对美好生活的追求已从物质的满足转向身心的健康。人们对健康、养老、保健等与生命质量相关的康养产品和服务需求与日俱增。他们希望通过营养膳食、康养度假、康体休闲、医疗保健、康复疗养等形式达到养身、养心、养神、健体、防衰和治疗疾病的健康目的。在此背景下，中共中央、国务院印发了《“健康中国 2030”规划纲要》，提出将“健康中国”上升为国家战略，要求建立体系完整、结构优化的健康产业体系，主要包括医疗机构、医药产业和健身休闲运动产业，并提出健康要与养老、旅游、食品相融合，催生新产业、新业态、新模式。在乡村振兴战略和健康中国战略的指引下，破解当前乡村旅游发展困境，实施“生态旅游＋健康”双核驱动的乡村生态康养旅游发展模式正当其时。乡村生态康养旅游是依托乡村生态资源，通过养颜健体、营养膳食、修身养性、关爱环境等各种手段，使人在身体、心智和精神上都能达到自然和谐的优良状态的各种旅游活动的总和，是乡村生态旅游产业和健康产业融合的结果。相比传统的乡村旅游，发展乡村生态康养旅游具有双重优势：一是乡村既是康养产品开发的物质基础，又是乡村旅游发展共栖的空间；二是乡村生态康养旅游包容性强，能与生态养生、农业休闲、中医药养生、运动健康、生态餐饮等多种产业集聚发展，内容更丰富，产业链更长，拉动的消费量更大，经济、社会、环境影响力更强，能够更为全面地促进乡村产业兴旺、生态宜居、乡风文明、治理有效、生活富裕。本文分析了我国乡村生态旅游产业与健康产业融合的问题及根源，并提出促进乡村生态旅游产业与健康产业融合的对策，以期促进乡村生态康养旅游的发展，助力乡村振兴。

一、乡村生态旅游产业与健康产业融合的现状

我国部分乡村地区依托森林公园、湖泊、湿地和大山等资源优势，建

设森林养生基地、森林康养中心和山岳型养生度假区，开展慢生活休闲体验区建设，推出了太极养生、温泉疗养、游乐养生、文化养生等康养旅游产品，满足了不同旅游者的个性化需求，使旅游者身心得到真正地休息和修养，并在一定程度上带动了乡村振兴。

如河南省鄢陵县以"花木产业"为基础，推动花木产业与健康养老产业深度融合，打造国际知名、国内领先、中原一流的平台式健康养老服务综合体和产业集群，构建了"一核一园七小镇"的空间布局和"四区一地五示范"的发展布局，力图把鄢陵县建成国家绿色健康产业融合发展先行区、国家健康养老体制改革试验区、国家中医药文化传承创新区、健康中国生态宜居示范区和国家健康医疗旅游目的地。在实行"全域康养"发展模式之后，城乡居民人均可支配收入达到21460元，增长8%。产业结构进一步优化，三次产业结构调整为15：47.2：37.8，二三产业增加值占生产总值的比重达到85%，第三产业增加值占生产总值的比重比上年提高2.7个百分点。鄢陵县通过打造"全域康养"，夯实了乡村振兴的产业基础，破解了乡村振兴的要素投入难题，并通过极强的产业带动能力和高质量的顶层设计，探索出了一条全域康养破题乡村振兴的路径。

但总体来看，我国乡村生态旅游产业虽然与健康产业已经实现初步的融合，发展模式也多种多样：有资源的整合，有市场的交融，有功能的叠加，也有技术的渗透。但乡村生态旅游产业与健康产业融合尚不深入，产业联动不足，产业融合度偏低，业态裂变尚未实现。两大产业的融合总体上属于起步阶段，资源、市场、功能和技术的融合还处于产业渗透的初级阶段。

二、乡村生态旅游产业与健康产业融合中的问题及剖析

（一）乡村生态旅游产业与健康产业融合中存在的问题

乡村生态旅游产业与健康产业融合受政策可操作性不强、特色精品缺

乏和人才短缺等因素制约。本文主要从政府、企业和人才培养机构这三个主要的利益相关者入手，深度剖析产业融合中的问题。

1. 政策的可操作性不强，资金投入不足

2015 年以来，国家对康养旅游高度重视，从中央到地方出台了若干政策，促进生态旅游产业与健康产业融合。然而，现有的发展战略和指导性政策，虽然从宏观上对康养旅游进行了产业的引导和方向的引领，但是表述过于笼统，细节性和可操作性不强。例如我国 2017 年和 2018 年中央一号文件都明确表示要推进乡村农业、林业与旅游、康养等产业深度融合，但究竟如何融合、谁来牵头推动融合工作都不明确。河南省 2017 年发布了《河南省"十三五"旅游产业发展规划》，提出要创建全国及省级的中医药健康旅游示范区和示范企业（基地），发展目标明确，却没有具体的实施方案来详细说明示范区和示范企业应如何进行空间布局，如何建设，如何遴选。此外，乡村生态旅游产业与健康产业的融合发展，需要配套公共基础设施的跟进，需要康养新产品和服务的创新与培育，必然牵涉资金的投入问题，而目前我国尚缺乏康养旅游发展的财政扶持政策和专项资金，使得乡村健康及旅游相关的基础设施建设较慢，康养旅游新产品与服务的推出较缓，营销力度不够。

2. 企业整合与创新能力不足，康养旅游精品缺乏

生态康养旅游属于复合型、中高端旅游产品，仅靠乡村居民自主发展难以完成，势必要引进企业参与产品开发与项目建设。企业的整合与创新能力影响着生态旅游产业与健康产业融合的效果。企业的产业整合能力强则能促进产业融合的新业态、新产品和新服务的出现，整合能力弱则会放缓产业融合的进度。而企业的创新能力则决定了融合性产品与服务的功用、品质和顾客体验。当前，我国缺乏具备旅游和健康产业跨界整合实力的企业，导致生态旅游产业与健康产业融合的速度较慢。此外，生态康养旅游作为新兴的产业，发展历史较短。作为该产业实施者的旅游与健康类企业也较为年轻，其成长与成熟需要时间。目前企业尚未找到"康旅融合"的

创新点、突破点和盈利点，导致市场上普遍缺乏地域特色鲜明的康养旅游产品。

3.高素质人才培养不足，职业能力培训欠缺

生态旅游产业与健康产业的融合需要高素质的专业型人才来实施推进。在新发展时期，康养旅游市场需要一批兼具健康养生与旅游管理知识的复合型人才。然而，目前我国还没有将高成长服务业建设的发展计划与高素质人才的培养方案相结合，某些院校虽然开设了康养旅游专业或方向，但尚未形成"行业急需、特色鲜明、优势突出"的应用型人才培养模式，没有实现与时代的对接、与行业的对接、与岗位的对接，导致专业复合型人才匮乏。表现在以下三个方面：一是人才培养体系没有与康养旅游类企业的实际需求对接，课程设置、培养目标与企业实际需求脱节；二是课程体系建设没有与企业的工作岗位需求对接，人才培养尚未实现校企合作的"定制式"或"订单式"模式；三是重理论轻实践，学生的学习大部分都在校内完成，校外实践环节较少。由于以上原因，造成人才储备不足和梯级层次性人才匮乏。

（二）问题的剖析

针对上述问题，本文深度剖析乡村生态旅游产业与健康产业融合问题的根源、问题的关键、问题的根本、问题的核心和问题的突破点。只有深入探究问题的本质，才能提出有针对性的有效措施。

1.问题的根源：利益诉求的差异化

在乡村生态旅游产业与健康产业融合的过程中，涉及多层次、差异化和多元化的利益主体，包括政府管理部门、旅游和健康类企业、人才培养机构、从业人员、乡村居民和旅游者等。政府部门具有管理和监督之权，目的是促进生态旅游产业与健康产业有效融合，产生"康养小镇""移动医疗""森林康养"等新业态，最终带来显著的经济和社会效应。旅游与健康类企业投资的根本目的是盈利，其经营的最终目的是获得利润。资本的逐

利性和康养行业建设的长期性存在天然矛盾，决定企业在发展初期更注重轻资产运营，倾向于选择投资互联网平台的智慧康养项目，以加速增加端口流量，占领细分市场。人才培养机构的利益诉求则是确保生源充足，机构正常运营乃至盈利。从业人员的利益诉求是获得与劳动付出相对称的薪资报酬。乡村居民的利益诉求是提高收入，改善生活。旅游者则是通过康养旅游活动获得身心健康和愉悦体验。这些利益主体的诉求各不相同，存在差异甚至矛盾。

2. 问题的关键：有效管理体制尚未建立

目前生态旅游产业与健康产业的融合尚未建立有效的管理体制，政府部门没有对应的管理机构对产业融合进行有效的规划引导，生态旅游产业与健康产业各有各的"公婆"对其进行管制，而每个管理部门的管理范围、权限职责、利益各不相同，难以进行协调，这就导致了作为市场主体的企业受多方管束而非多方支持的局面。所以，采用何种组织形式，如何将这些组织机构结合成一个有利于生态旅游产业与健康产业融合发展的合理有机体系，以何种手段和方法来实现产业管理的任务和目的，即如何建立有效管理体制成为生态旅游产业与健康产业融合的关键问题。

3. 问题的根本：专业复合型人才匮乏

企业竞争力的核心是人力资本。人才是国家强大的根本，也是产业融合发展的问题之本。只有培养出大批既掌握健康养生和旅游管理的专业知识又能灵活地将两者融会贯通的专业复合型人才，才能确保生态旅游产业与健康产业有效对接、无缝融合。而当前生态旅游产业与健康产业融合发展所需的复合型人才却相当匮乏，成为阻碍产业融合发展的根本。

4. 问题的核心：企业的盈利模式尚未形成

旅游与健康类企业是产业融合的落脚点和实施者。企业经营的最终目的是获取利润。生态康养旅游产业是 21 世纪的新兴产业，尚处于"摸着石头过河"的探索阶段。而企业介入的时间不长，处于探索盈利模式的时期。目前生态康养旅游市场出现产品和服务"叫好不叫卖"的现象，消费者有康养需求但付诸行动的却不多，使得企业的营收不足，盈利有限，导致企业缺乏产业整合和创新的意愿。

5.问题的突破点：协同发展体系的建立

乡村生态旅游产业与健康产业的融合涉及多个利益主体，如何调动各方的积极性和主动性，提高各利益主体的参与能力，最简单也是最高效的办法，就是由政府牵头，建立康养旅游融合发展协调机制，汇聚政府、企业、人才培养机构、非盈利社会组织、从业人员、乡村居民等的智慧和力量，对产业融合进行协同推进，达到产业有效融合的目的，成为乡村生态旅游产业与健康产业融合发展的突破点。

三、构建乡村生态旅游产业与健康产业融合的协同发展体系

协同发展是指处于同一融合体系中的利益相关者通过协同合作，形成"协同行动、协同服务、协同共享、协同监管"的局面，从而实现互利共赢的目标。产业融合可以看成是一个牵涉多个利益相关者的复杂系统，其发展需要各子系统或资源要素的协同作用来实现整体性效应。在乡村生态旅游产业与健康产业融合的系统中，可以运用协同学原理构建协同发展体系，调配制度、市场、企业、产品、技术等子系统，优化政策、资金、人力、物质等资源，促进产业的融合发展。协同发展体系的建立就是要明确协同发展的目标、主体和任务，实现利益主体之间的良性互动。

（一）协同发展目标

根据协同学理论，乡村旅游与健康产业融合的协同发展目标是政府、企业、人才培养机构通过协同合作，形成"协同行动、协同服务、协同共享、协同监管"的局面，建立有序的产业融合协同发展结构，从而促进乡村生态旅游产业与健康产业的融合发展。

（二）协同发展主体

在"康旅融合"的过程中，政府是产业融合的统筹协调者，负责产业政策的制定和市场秩序的监管，在产业融合过程中发挥着领导、组织、协调和监管的作用；企业是产业融合的实施者，其成长的速度和整合创新能力直接影响产业融合的效果；人才培养机构是产业融合人才的输送者，人才培养数量、质量和结构影响着产业融合的进程。因此，乡村生态旅游产业与健康产业融合的协同发展主体为政府、企业和人才培养机构，即"政、产、学"三方主体。

（三）协同发展任务

1. 政府层面

建立权责清晰的产业融合管理体制。生态旅游产业和健康产业有各自的产业功能和利益诉求，融合中难免会产生矛盾和冲突，因此产业融合需要建立能够有效协调双方利益、权责的管理体制。建议构建文化和旅游部、生态环境部、国家卫生健康委员会、国家医疗保障局、国家药品监督管理局、医疗保障局、国家体育总局等部门的协调机制，成立"乡村生态康养旅游工作委员会"，形成协作共建、共管、共享、共发展的合作局面。强化政府在行业标准制定、管理体制建设、行业引导等方面的职责，营造能充分发挥企业竞争力和创新能力的市场环境，激发企业活力，促进乡村生态旅游产业与健康产业的有效融合，培育康养旅游新业态。

细化产业融合方案，增强政策的可操作性。在产业融合的具体指导中，政府除了顶层设计，制定旅游与健康产业融合的总体规划以外，还需要细化产业融合方案，明确融合的主题定位、空间布局、产品规划、重点项目、营销策划、投融资、环境保护等，构建完整的乡村生态康养旅游产业链。在产业政策落实方面，则需要通过具体的可操作的实施细则来促进乡村生态旅游产业与健康产业的融合发展，激发企业创新活力，催生更多新业态、新产品和新服务。

增设专项资金，引导投融资。为了推进乡村旅游与健康产业的融合进度，政府部门要增设乡村生态康养旅游发展专项资金，完善基础设施和公共服务，加大对高需求与高成长性康养旅游项目的资金扶持力度，例如中医药康养旅游、康养特色小镇、温泉康养旅游、森林康养旅游和文化康养旅游等，推动这些项目尽快"落地开花"。在投融资方面，政府要鼓励金融机构创新适合乡村生态康养旅游服务业的金融产品和融资方式；鼓励社会资本进入康养旅游产业，尝试 PPP（Public-Private Partnership，公共私营合作）模式和 BOT（Build-Operate Transfer，建设—经营—转让）模式；支持各类创投机构和融资机构对康养旅游领域的小微企业进行业务的扶持和投资；支持保险机构采用战略合作或股权投资的方式参与到康养旅游产业链的拓展和整合中。例如，湖南长沙银行通过湖南电视台乡村振兴栏目"乡村合伙人"扶持湖南多个乡村发展生态康养旅游，取得了较好的社会和经济效益，值得各地学习和效仿。

2. 企业层面

提高产业的整合与创新能力，开拓新的盈利模式。随着市场环境的变化和消费需求的升级，旅游和健康类企业要对人、财、物和信息等经营要素进行重新配置，相应地调整组织结构、经营模式、产品和服务，建立协同创新机制，实现企业之间业务的有效对接，形成乡村生态康养旅游产业生态链和产业集群区。此外，旅游与健康类企业要擅用物联网、移动互联网、大数据、人工智能等促进康养旅游产业的技术进步、效率提升和商业模式的变革，用共享经济思维开拓新的盈利模式。

找准"康旅融合点"，打造真品、精品和绝品。企业要盈利必须找准"康旅融合点"，打造乡村生态康养旅游的特色精品，为消费者带来与众不同的康养旅游体验，从而解决有效供给和优质供给问题。依托乡村丰裕的森林旅游资源、山岳资源、武术资源、中医药资源、温泉资源、膳食资源和医疗资源等，重点打造森林生态养生旅游板块、山地户外休闲健身旅游板块、太极健体养生旅游板块、中医健康养生旅游板块、温泉度假养生旅游板块和禅宗文化旅游板块，构建"养身、养心、养神"的大健康旅游产品体系，开发森林养生游、山地运动游、武术健身游、中医药养生游、温泉养生度假游、食疗养生游、美容养生游等特色化和品质化的康养旅游产品，注重旅游者在"吃、住、行、游、购、娱、闲、养、健"各个环节的体验性、健康性和舒适性，提升产品的美誉度和知名度，打造乡村生态康养旅游名片。

借助新媒体，加大乡村生态康养旅游的营销宣传力度。在信息化时代，互联网已经进入新媒体传播 2.0 时代，出现了网络新闻、博客、微博和微信等新兴媒体。与此同时，营销理念和思维也发生巨大的改变，更注重体验性、沟通性、差异性、创造性和关联性。在此背景下，企业的营销宣传也要改变传统的方式，植入新媒体基因，采用事件营销、口碑营销、知识营销、互动营销和情感营销等新媒体营销方式，运用微信、微博、微电影、知乎、脉脉、抖音、自媒体平台（微信公众号、新浪微博、今日头条和喜马拉雅FM 等）等新媒体营销渠道。建议拍摄"乡村生态康养旅游"为主题的系列微电影宣传片，通过社交网站和视频网站加以传播，扩大产品的认知度、美誉度和记忆度。

3. 人才培养机构层面

增设康养旅游专业（或方向），强化职业能力培训。生态旅游产业与健康产业的融合发展需要一批"晓理论、知实践、懂运营"的专业人才来推动，因此高等院校不仅要实施"宽口径、大专业、小方向"的人才培养模式，而且要强化学生的职业能力培训。在专业和方向的设置上，建议有条件的本科、专科和职业院校增设"旅游与健康服务""康养旅游"等专业，在酒店管理、旅游管理、森林游憩、中医学等原有的专业基础上开设"酒店与健康服务""健康服务与管理""健康产业管理"等方向的专业。通过课程设置、专业实习和企业实践等环节，对学生进行康养职业能力的养成训练，使其具有高效执行能力、团队协作能力、有效沟通能力和学习创新能力。

　　改革课程培养体系，强化理论与实践的结合。康养旅游领域需要专业复合型人才，不仅要具备基础的医学和护理知识，而且还要具备经济学、管理学、营销学和旅游学等多学科知识。人才培养机构应该根据市场需要，及时调整和修订人才培养体系、方案和课程。高校教育应该在确保学生获得旅游管理和健康服务相关知识的基础上，构建适合康养旅游行业的定制化模块化课程体系。课程设置上要考虑到"三性"，即特色性、灵活性和适用性，既要开设外语、数学、体育等公共课程和经济学、管理学、医疗保健等基础性课程，也要开设旅游管理类、医药养生类、营销策划类、人文类等专业性课程。在课程体系的设置中，还应加入康养旅游服务的实践教学环节，例如建立校内康养操作的实训平台和乡村生态康养旅游实习基地；构建认知实习、课程实习、专业实习和毕业实习环环相扣的"递进式"实践教学方式；建立校企联合的见习基地，与社区康复中心、疗养院、养老院、康养示范基地等单位进行实习合作。

　　创新人才培养模式，培养梯级专业人才。人才培养应秉承"服务地方经济"的理念，构建产教融合、校企合作、工学结合的培养模式，实现人才培养与时代、与行业（企业）、与岗位对接，从而成功对接本区域康养旅游产业的发展需求。在实践教学体系的设计中，从学生的认识实习、顶岗实习到管理实习，邀请企业全程参与，形成校企共定方案、共建基地、共建师资、共编教材、共开课程、共评质量的"六共"模式。在康养旅游人才的培育方面，鼓励校企联合培养，构建"3+1"（3 年在校学习，1 年企业实践）或"2+1"（2 年在校学习，1 年企业实践）式的"订单班""定制班"的培养模式，使学生毕业后可直接进入康养企业工作。此外，人才培养机构还应做到分层培养，分工协作。高校作为高端人才培养的阵地，侧重培养精通康养旅游专业知识、精通经营管理、精通创新创业的精英人才；高职院校和社会培训机构则培养康养旅游产业所需的专业技能人才，从而培育一批满足乡村生态康养旅游发展的专业人才。

　　发展乡村生态康养旅游是促进乡村振兴的有效途径。基于我国乡村发展的现实情况，宜从利益相关者视角，促进各利益主体的协同发展，整合乡村生态康养旅游资源，创新特色康养旅游产品，促进乡村生态旅游产业与健康产业融合。基于两大产业融合的综合性和复杂性，需要发挥政府、企业和人才培养机构的协同作用，建立多利益主体共同参与的协同体系，构建持续共赢的协同发展局面。

第六章 乡村振兴战略与生态旅游融合的案例分析

第一节 乡村振兴战略视角下生态旅游发展研究
——以重庆市城口县为例

一、研究背景及意义

党的十九大报告第一次提出了乡村振兴战略，还对此写进宪法，而乡村农业生态旅游又是实现乡村振兴战略的重要发展方向和路径。旅游业是战略性产业，通过旅游业来促进发展，不仅生态环保，而且节约资源，可以有效提高农民收益，实现多产业共同发展。想要发展乡村旅游项目，不仅要依赖农村的自然风光和人文因素，还要在现有的农家乐和一些乡村旅游体验项目的前提下，积极开发观光农业，以及具有养生、休闲功效的旅游项目，开拓一些具有代表性、可推广性的特殊服务，打造一批特色生态旅游示范村和特定路线，并建立一个绿色环保的乡村生态旅游产业链。从而达到有效促进农村农业旅游发展，帮助当地贫困居民脱贫，进而实现全面建设小康社会的目标。

二、城口县发展生态旅游的现实条件

（一）区位优势明显

城口县位于重庆市的东北部，地处长江国际旅游黄金水道的上游，是长江经济带中下游和上游的衔接部分；城口县是陕、渝、川、鄂几个地区的交接地带，南北位置合适，东可到大三峡，南可至张家界，西可达大巴山、黄龙，北可抵西安；与开州、巫溪、四川万源等地区接壤；这些旅游资源都特别有利于特色环线旅游的设计。不仅如此，城口县还是长江库区重要的生态保障，是长江流域生态文明建设的重点，这对于城口县生态旅游产业发展极其有利。

（二）丰富的旅游资源

城口县有着丰富的自然、生物和人文景观，资源主类高达8个，资源亚类有27个，资源基本类型有155个，这足以说明资源种类多。城口县有山脉河流、森林、民俗风情，是观光、游玩和避暑的完美住所，旅游景点也多达20个，其中，国家级旅游景点有大巴山国家级自然保护区、九重山国家森林公园和巴山湖国家湿地公园。同时，九重山也被命名为重庆自然风景区，大巴山国家级自然保护区的黄安坝生态旅游度假区被列为重庆市"十大旅游项目"和重庆市"十大凉爽胜地"。以崖柏为代表的珍稀动植物品种多，有古生物化石、山神漆器、鸡鸣茶、名贵药材、城口县老腊肉、野生菌、海宝玉等极具特色的旅游产品。这些旅游资源为发展城口县生态旅游产业提供了坚实的现实基础。

（三）丰富的文化素养

城口县历史悠久，位于四川、湖北和重庆（城市）的交界处，秉承巴蜀文化的传统,并受到三秦文化和楚天文化的影响,逐渐形成自己的风格。城口的民俗文化丰富多彩,富有乡村气息,具有鲜明的地方特色,在人民口中广泛流传,已经成为城口人民休闲娱乐和群众文化活动不可缺少的重要组成部分。民间歌曲、民间故事、花鼓、舞狮、摇钱树舞蹈、彩船舞、锣鼓、孝子歌等是迄今为止使用最广泛的。城口县深厚的文化底蕴有利于城口县生态旅游产业的发展。

三、城口县发展生态旅游的现实困境

(一)专业性人才不足,管理机制有漏洞

由于我国城镇化进程加快,导致城口县社会结构发生了重要变化,越来越多的城口县精英人才开始流入大城市,导致城口县人才流失严重,出现了城口县人才空心化的现象,农村多为老人和小孩,城口县从业青壮年参与度低下,不能带动其经济发展。且教育投入力度不够,城口县旅游从业者未得到专业系统的培训,文化素质低下,基本的管理机制不完善,这些都是城口县旅游扶贫的困难点。

(二)乡村旅游资源开发基础设施薄弱

城口县旅游资源开发还处于初级阶段,基础设施薄弱。"大巴山森林人家"数量不多,且分布参差不齐,乡村旅游的公共设施(公共卫生间、路标牌、休息停靠区、停车场等)设备不完善,道路的路况差,通行困难,乡村道路急需升级,卫生环境没有得到重视,乱扔乱倒现象频发。目前城口县的乡村旅游停留在休憩、打牌、吃农家乐、住农家乐等层面上,这样的乡村旅游不能满足绝大多数游客的精神需求,市场影响力太小,人气聚集困难。因此,如何打造有特色、有文化气息的乡村旅游是城口县乡村旅游值得考虑的问题。

（三）注重利益、忽视保护问题严重

乡村农业生态旅游与一般传统农业、旅游业的发展不同，具有一定特殊性。总的来说，生态旅游可以看作是旅游业和农业的结合体，其在环境保护等方面对旅游观光区管理者和经营者要求更加严格，但因为现阶段的部分负责人对环保认知度很低，从而导致过分注重利益而忽视了生态环保问题，这成为了生态旅游进一步发展的障碍。

四、城口县发展生态旅游的现实路径

（一）加大引进专业性人才力度，加快专业性人才建设，完善管理机制

乡村社会结构的变化使乡村精英人才流入城市，导致乡村专业性人才紧缺。而专业性人才是乡村旅游发展壮大的核心关键，所以首要任务是制定多种多样的人才优惠政策，开展对外对内鼓励机制，对外开展人才招聘会，引进更多的专业性人才，对内开展激励培训机构，让乡村精英人才自发自愿地留在乡村；要加快乡村贫困群众转变成专业性人才的建设步伐，定期邀请专家开展旅游扶贫相关知识、技能的职业培训，对城口县的贫困群众进行专业知识培训，加强其专业素养和服务意识，同时对当地所有的专业性从业工作者进行专家专业知识技能的培养，提高其文化素质水平、专业技能素养、领导管理能力、服务专业水平；要完善健全基本管理机制，制定好相应管理制度，管理分配各个部门的合作运作，相互合作共同发展，加快推进城口县生态旅游精准扶贫工作顺利开展的步伐。

（二）增大乡村旅游资源开发基础设施强度，加快其开发建设

城口县生态旅游资源开发还处于初级阶段，所以要加大加快城口县品牌特色产品和地区建设，增大城口县旅游资源开发基础设施力度，如路标牌、通信、休闲娱乐区、交通、排水、供水供电、公共服务设施（停车场、

公共厕所）、社会保障机构（医疗、教育、卫生、治安）等，满足游客的基本需求。要有创新营销新方式，公路边设立广告牌，吸引游客关注，或邀请新闻电视台专题报道播放，扩大城口县的知名度。开发建设必须由政府主导进行，占据市场的先机是生态旅游开发的关键，要有专业人员来规划开发资源项目，合理有序地开展、开设通畅的旅游路线，并对环境资源实行保护政策。

（三）挖掘乡村旅游文化，突出文化特色

特色是旅游产品发展的基石，也是乡村旅游发展的生命线。针对城口县生态旅游特色文化不突出的问题，应该挖掘其乡村文化内涵，突出乡村特有的文化，打造乡村文化特色旅游产品，如农耕文化，让乡村性成为乡村旅游特有的标志。中国的农业文化、乡村文化是世界历史最悠久，发展最成熟的乡村文明。因此，要挖掘乡村文化，做好传承与保护工作，在保护的基础上加以利用，将其开发成有特色的文化旅游产品。乡村文化应走向产业化道路，促使乡村文化的传承与发展。

（四）注重利益和保护观念的平衡，提高生态环境保护力度

在发展农业生态旅游时，必须注意利益和保护观念之间的平衡。有必要对游客数量、生态旅游质量和环境承受能力提出要求。这些领域的工作不仅要停留在概念和理论上，还需要建立与生态旅游内容相适应的完整的监督和评价机制。在这种评价机制中，必须以提高农业生态环境保护和提高游客满意度为核心指标，同时要考虑到负责经营和保护农业生态风景区的开发商和管理人员的利益。进行持续有效地评价，有效执行环境保护监督措施，减少生态失衡的发生。

（五）增强游客的整体素质，提高其环保意识

农业生态旅游的发展是人与自然之间紧密联系交互的过程。生态系统

的循环过程与人的行为有着不可替代的影响作用。游客是否具有适当的生态和环境意识，是生态农业旅游最终发展的关键。

综上所述，引入乡村振兴战略之后，为了实现农业生态旅游的健康发展，城口县必须把可持续发展作为其核心战略，并从多个方面入手，实现农业生态旅游的发展，同时帮助当地贫困居民脱贫，进而实现全面建设小康社会的目标。

第二节　乡村振兴战略下 5G 赋能生态旅游研究——以福建永泰月洲村为例

随着 5G 的应用开发，万物互联为乡村旅游改革和创新发展迎来新契机。第五代移动通信技术（The5th Generation Mobile Networks，简称 5G）是最新一代蜂窝移动通信技术。5G 赋能是指 5G 技术将通过与各个行业融合，孕育了大量新兴产品和服务，产生各种 5G 赋能行业应用，重塑传统产业发展模式，它将赋能产业，赋能时代智慧发展。福建省政府支持推动 5G 协同创新场景应用，意图加快推进教育、交通、旅游、金融、应急等行业数字化、网络化、智能化转型。未来永泰将全面启动 5G 与全域旅游、乡村振兴、生态保护等各领域的融合，以智慧生态旅游为引领，以脱贫为目标，使永泰县成为全国知名的旅游目的地。在此目标下，永泰月洲村作为"乡村复兴论坛·永泰庄寨峰会"的发源地，抢占战略的高点。

一、5G 赋能将会带来行业发展新契机

4G 之前技术领先应用，5G 是应用牵引技术，5G 演进方式与前几代移动通信不同。5G 时代，我们往往需要先确定行业应用场景或者需求，即 5G 是"生活"与"社会"服务共存。我们确认好需求后，再结合 5G 下的消费模式特点去探索和发现与其相对应的具体技术。"应用引领、技术跟随"

是 5G 赋能产业的方式，所以对未来消费场景的研究与探索显得至关重要。而对于移动通信技术的演进，也促进了数字经济转型升级。第一阶段是网络经济阶段电脑端的电子商务、门户网站等交流商务平台出现。第二阶段是信息网络技术与第三产业的深度融合步伐加快。第三阶段是移动通信推动物物连接、数据汇聚，并激发人工智能的持续创新。共享经济成为共识，人与人、人与物、物与物之间实现更加高效的精准连接，全球赛博空间基本形成。5G 商用也是我国弯道超车的良机，目前，全球多个国家与地区都在投资 5G 网络建设。根据资料显示，由于我国拥有庞大的用户规模以及蓬勃旺盛的市场需求，到 2025 年，5G 即将会覆盖全球 40% 的人口，而我国有望成为全球最大的 5G 市场。

二、国内 5G 赋能生态旅游现状

在 2019 数字文旅发展论坛上，中国旅游研究院戴斌院长认为"数字文旅的时代已经到来。5G 技术将创新旅游行业商业模式！"诸多城市开展了 5G 应用的先行试点。上海筹建 5G 云 VR 领域生态发展区、崇明区 5G 生态岛等，桂林电信打造"5G+ 旅游"智慧航道，重庆武隆景区结合 5G 打造了"朝天皓月"的智慧游轮。福建省着力打造了莆田湄洲岛 5G 智慧旅游生态示范岛和福州飞凤山 5G 智能公园，而武夷山全域智慧旅游通项目成功入选 2019 年全国智慧城市典型地区实践（县级市）。随着 5G 的应用，也将给武夷山旅游大数据分析平台、VR 眼镜、AR 地图带来升级。目前全国各个城市都在积极开展 5G 应用旅游景区的尝试与探索，福建意图打造成为具有全国影响力和竞争力的 5G 产业创新发展高地。永泰作为数字 + 生态旅游的先行示范点也迎来了良机。

三、永泰月洲村的发展背景与现状

月洲村是嵩口古镇建设下的一个旅游景点，该村是"福建省生态文化村"，也是"八闽文化第一村"，文化历史悠久，环境优美，芙蓉李的种植面积又占据嵩口古镇的三分之一，有着丰富的资源优势。月洲村保留了当地的特色文化、独有的历史。虽然月洲村具有着天然环境优势，文化底蕴厚重，但在现代化智能生态旅游中的发展中也遇到一些困难。表现为：一是产业形式单一，当地农产品质量不高，农业投入不足，农产品积压卖不出去，种植农户越来越少。二是村内基础设施并不完善，没有足够的核心竞争力，难以吸引广大的游客。

（一）月洲村借力政策资源，具备实行乡村振兴战略的条件

根据我国中央一号文件发布的支持乡村发展"田园综合体"，支持有条件的乡村建设以农民合作为主要载体、集循环农业、创意农业、农事体验于一体的田园综合体，这是当今中国乡村振兴的方向。政策鼓励年轻人回到家乡建设自己家乡，推进乡村城镇化的进程。福州"东拓南进"政策提出福州中心城区发展方向与空间布局。按照"东拓南进，面江向海"的城市发展方向，拉开城市框架。随着"大福州"版图的扩张，永泰也在福州主城的规划区范围内。福建省出台计划打造"数字福建"。2022年，福建省将建成5G基站5万个，5G用户数将达到800万，5G相关产业产值规模超3000亿元。永泰在数字经济的背景下，定位智能生态旅游，这为其发展奠定了基础，5G赋能使旅游变得更加智能化，那么5G如何赋能生态旅游是其下一步发展重点。其次全国的乡村振兴政策与三农政策都是有利的导向，是月州村发展契机。

（二）月洲村是福州后花园，区位优势明显

通过对永泰月洲村区位优势分析，可知月洲村交通区位优势明显。月洲村处于闽中腹地、属于福州市的一小时经济圈，并且处于永泰、闽清、德化、尤溪、仙游等地的交界处。这里有多个地产开发商注资项目、产业园区辐射四周，例如万科、泰禾、名城、郭氏等国内一线实力地产开发企

业投资万科大樟溪岸小区、泰禾青云小镇、三迪江山水岸等多个地产项目。"八仙过海"旅游综合体、国际功夫影视小镇、智慧信息产业园、海西文化创意产业园、人工智慧小镇等多项产业园逐步建设落地，与月洲村形成产业联动辐射。月洲村相对福州市区来说房价、生活成本更低，具有吸引周边市区人群的潜力。

四、永泰县月洲村发展困境

（一）产业形式单一，主产业及收益模式不明确，人口匮乏

永泰月洲村以"青山绿水就是金山银山"的理念发展当地旅游，使得当地乡村面貌焕然一新，游客到访数量不断增加。但是当地配备的设施不多，村民收入并不高，消费性项目很少。从产业布局来看，仅仅部分小农户销售初级农产品，当地经营性的住宿美食不多。从人口年龄分布来看，村中大多为孤守老人，缺乏青壮劳动力，当地的产业链不能便利地满足游客的消费需求，缺乏配套住宿设施，顾客多为半日游或者一日游，回头率较少，几乎无过夜游客。

（二）对景区资源没有达到最优化配置

月洲村有着悠久的历史和人文精神，现今还存留着庄寨古建筑、张元幹故居、张圣君祖殿、寒光阁等古建筑，但目前这些古建筑还有待修缮与挖掘。爱国诗人张元幹故居存放着大量的古诗，其文化价值目前并未得到很好地展现。家庙（宗祠）道教遗存、宋代文化还有待彰显。如若深入挖掘文化内涵、结合现代化技术创新和游客的互动，可以帮助月洲旅游业有新的发展。

（三）治理缺乏完善体系

月洲村游客主要以自驾游为主，使得本已拥挤的景区由于随意停车更加的堵塞，当地只有停车场，但缺少科学的规划，停车秩序显得零乱。月洲村的有些路段破旧，不方便老年游客行走，卢川桥上存在人和车并行的局面，缺乏安全设施。到访的游客对于景点不知从何浏览，缺少景点的旅游信息、提示标牌等等。

（四）当地盈利资源的过度闲置

当今的企业运营模式中，企业的盈利能力来自于社会资源的深度挖掘，通过不断把资源变成现金从而维持企业的运转，而在月洲村就存在着资源变资本的能力缺失问题。当地芙蓉李成熟盛季，芙蓉李销售并不理想，最终以较低的价格被收购商收购。这其中的主要原因就是销售渠道比较单一化，村中大多为留守老人，对互联网的应用并不是很熟悉，如通过系统化培训增加线上线下销售开发，在一定程度上会解决农产品滞销的问题。因缺乏劳动力造成的土地大量闲置，住宿、教育业的配套资源，也是不得不考虑的问题。

五、永泰月洲村生态旅游发展对策

（一）以农业为核心，多元产业相融合

林竹蔬果是月洲村的重要产业，为植被绿化水土保持起了不可替代的功能作用。其中芙蓉李与无公害蔬菜是其最主要的产业，建议开办古法芙蓉李智造厂。开展一些可观赏的园区，例如芙蓉李种植园、工艺观赏区、蔬菜观赏园。打造科技农业体系，利用5G加无人机技术充分做到水域治理、植树造林、防火布控。在发展农业的同时，也要发展相应的配套支持衍生产业与配套产业，以公共设施为支撑挖掘特色农副产品，扶植培养大家庭

农场、合作社、龙头企业、农业产业化联合体等新型主体，鼓励年轻人返乡创业。并实施优惠政策，使月洲村成为聚集生活居住、休闲娱乐、生态文化体验为一体，乡村人文与自然景观、现代主流与历史发展和谐共生的生态旅游村。

（二）加强人才队伍培养，开展研学旅游

当地政府应该积极加强与福建省各大高校合作，吸引大学生，各类人才参与月洲村建设。鼓励年轻人回到家乡建设美丽家园。月洲村人杰地灵，英才辈出，设有图书馆、书屋等设施，适合开展诵读经典古籍，学习传统礼仪等国学教育，并且张氏家风——爱国、勤勉、廉洁的精神是非常值得学习与传承的。科举文化活动的渊源，也使得很多家长带领小朋友到此体验与学习。因而可以充分利用月洲村的科举文化，结合现代教学学习传统礼仪，让小朋友的德智体美劳得到全面发展。通过当地文化的培训与宣传，也可以吸引更多的年轻人来此工作与学习。

（三)ＡＲ技术"触景旅游"，智领生态旅游

通过 AR、VR 技术，可以在景区治理中发挥作用（水域治理、植树造林、VR 游戏、VR 景区观光、AR 技术制成的明信片、AR 文化衍生品）。AR 技术应用到"触景旅游"中，可以对张元幹故居的展览馆、古朴的图书馆、庄寨的古物都加以保护。开发关于月洲的 AR 技术制成的明信片、AR 文化衍生品（二维纪念品、三维纪念品的设计）可以让游客产生浓厚的兴趣，提升景观吸引力、知名度。5G 结合室内定位技术，还可以实现基于位置智能导览。同时，将 AR 技术应用到"触景旅游"中，实现景区的现场体验、室内导览和文物重现。如在张圣君殿游览，AR 可以重现张圣君昔日风采，展现张氏爱国、勤勉、廉洁的家风，体验张氏家族辉煌历史，使游客身临其境，铭记于心。

（四）5G+共享庄园助力乡村经济发展，实施乡村振兴战略。

为全面落实精准扶贫政策，坚决打赢脱贫攻坚战，实施乡村振兴战略。政府需要整合各方资源，以市场需求为导向，放大乡村元素，打造优质产品和服务。将 5G 结合生态旅游，以共享庄园形式对闲置资源进行共享，既能满足消费者需求，又能为农民创造收入，还有效的利用的乡村闲置资源。一方面，受疫情的影响，越来越多的人对食品安全产生很大的心理忧患。另一方面，城市很多市民渴望回归田园。根据永泰当地的走访调研，发现月洲村存在许多土地闲置资源。在这种情况下，建议开展 5G+共享庄园经营模式，开放村中的废地、芙蓉李林等闲置资源，以共享的形式满足消费者需求。当地居民则可以获得庄园看管、生产收益分红等收益。消费者也可以获得庄园主的身份、享受游乐体验的乐趣、瓜果收成乐趣、以及其他游客消费收益。

共享农庄集循环农业、创意农业、农事体验、服务功能于一体。具体分为三方面：产品共享。以个人定制或团购定制等形式，为消费者提供特色农产品直供、认种、认养等订制服务；消费者付给农民一部分酬劳或者佣金，用于庄稼摘种、寄送等服务。如当地农民有协助种植、摘洗、清理、加工等服务，都可以获取一部分酬劳。土地共享。将菜地、果园或其他农地划分为若干小块，以共享的方式，将其经营权分享给消费者，用于农业生产或农事体验，让消费者享受田耕乐趣。资源共享。将闲置的场所、公共空间等资源释放出来，吸引消费者前来旅游。共享农庄与 5G+VR 相结合，在消费者租用土地种植后，消费者可以通过终端看见自己庄园农产品生长情况和农民操作情况，还可以与农民沟通，真正做到消费者对食品放心。以月洲村的特产芙蓉李为例，用户扫描二维码，就会看到月洲村的农产品种植分布，了解芙蓉李的生产环境，以及芙蓉李的制作过程：摇青、洗果、摊晒、焙李等。这种模式既可以有效地盘活农村闲置资源、解决农产品滞销，还可以提升农产品附加值，增加农民收入，传承农耕文化，从而达到让城市人回归田园，又实现农村的精准扶贫的多方共赢效果。

（五）开展月洲村景区高清直播，八闽文化身临其境

在 5G 推广应用下，图像清晰度再也不会受到带宽的限制，旅游景区的直播将会让游客更能感觉到真实性。通过直播更能有效唤起消费者的旅游需求，而且直播也能打破旅游的淡季旺季的困局。通过直播，更能活用闽狮文化资源，增强春宴、圣君祖殿庆典等风俗活动的热闹性和观赏性。张圣君文化源于永泰，是闽台最大的农业神，为海峡两岸民众所笃信，台湾信众有一千多万。为促进台湾与大陆的交流，可举办张圣君文化节。可以开设以小品、话剧、闽剧《卢川颂》《张圣君传奇》等节目来展现张圣君文化和月洲村的科举文化历史。推行科举文化活动，让游客体验古代之人中状元、榜眼的感受。通过演绎向游客展示月洲文化，积极宣传张元幹诗词文化和张圣君闽台农业保护神形象。

（六）合理布局景区，打造"两条主线，四大功能区"生态旅游区

合理布局景区对的未来发展至关重要，为减少月洲村无序开发的风险，笔者拟给出月洲村未来发展布局的建议。建议月洲村以生态旅游景观为主题，环境空间相互融合形成"两条主线，四大功能区"的整体布局。两条主线：八闽文化感知、田园生态景观；四大功能区：休闲娱乐区、历史文化探秘区（田园耕读文化）、田园农业展示区（农业观光基地）、乡村生活体验区（农耕农趣）。在整体规划设计中，合理分布张圣君祖殿、摩崖石刻、张沃词刻、张氏宗祠、张元幹故居等旅游景点路线，强调张弛、疏密、刚柔对比，让人产生同心感和归属感。以"一个中心，两条线索，四大功能区"形成整个规划区的骨。一个中心：月洲村部，该核心集村部（人员办公）、游客服务中心、停车场于一体，对周围各个功能区起到辐射和带动作用。两条线索：文化感知、生态体验。四大功能区：围绕"核心"形成的多个功能带。

1. 休闲娱乐区：集游、吃、住、购、娱于一体

在现有的商业街中规划部分传统小吃店，恢复和开发月洲村历史传统风味小吃或名吃，如水晶饼、蛋燕、满满糕、李菇等月洲村传统小吃，并且规划一些中型餐饮店以满足游客的需要，打造永泰品牌小吃。开辟具有月洲村乡土特色的各种档次的宾馆、客栈、农家乐等多层面服务接待设施，如在桃花岛南侧建设特色客栈，满足旅游住宿需求，还可修缮和利用月洲村普通历史院落，改造成历史文化体验性的特色旅馆。规划推出具有浓郁月洲村特色的手工艺特产品及相关古玩产品。突出月洲村本土节庆风俗特色，打造龙狮文化资源、充分利用省内的侨、台优势资源定期举行龙狮表演与比赛。结合民风民俗，建设当地特色的民艺剧场，定时定点举办一些月洲村历史文化讲堂或名人名事的表演。

2. 历史文化探秘区

在会堂专门设立月洲村历史展览馆，串联张圣君祖殿、摩崖石刻、张沃词刻、张氏宗祠、张元翰故居、图书馆等历史文化景点线路的规划。在月洲村各村道上放置与月洲村历史相关的塑像，如张圣君像等。并且设置科举文化体验区、名艺剧场、VR+AR 传承八闽文化区。

3. 田园农业展示区

桃花林：在桃花岛区域内规划种植桃花林，为游客提供观赏拍照、桃果采摘、桃花节游玩活动。芙蓉李种植基地：整合月洲村 3000 亩芙蓉李资源，基地内规划李果实施标准化生产示范建设，进行果园步道的铺设，规划李果园观赏路线，开花季可打造和推广特色芙蓉李花节的特色活动品牌，设立芙蓉李干制做成品展示区。

无公害有机蔬菜基地：规划整合月洲村 400 多亩有机蔬菜种植地资源，设立无公害有机蔬菜示范地，供游客观光。培育农业特色品牌，打造 1 ~ 2 个经 ISO9001、ISO14001 原产地保护等认证的市级以上农业特色品牌。

4. 乡村生活体验区

芙蓉李采摘区：在芙蓉李果实成熟季节，游客可亲手采摘芙蓉李。田

园体验区：可细分为种植区、生态采摘区和种养区等多个区域。种植区：通过共享农庄的形式，客户可根据自己的喜好，在农场内种植各种各样的蔬菜瓜果。同时还可以把种植区以收费的形式向其他游客开放，获得收益可以与庄主共享。生态采摘和认种认养区：游客可在采摘区内，动手采摘新鲜蔬菜瓜果。主要为种植芙蓉李幼苗或桃树幼苗等提供认种认养的个性化服务。农民创业区：挖掘月洲村农产品特色，结合当地传统技艺，开办小型农产品加工作坊。不仅能让游客参与到月洲村农业生产过程中，还能激发乡村创业活力，提供更多就业机会，帮助农民增收。

传统旅游业如何顺应新时代的发展是目前研究的热点，5G孕育了大量新兴产品和服务，能重塑传统旅游的发展模式，赋能行业新发展。由于5G应用是"应用引领、技术跟随"的方式，所以更需要各行各业对于未来的消费场景进行研究与探索。本文研究了5G赋能生态旅游带来的新变革，为AR+VR技术运用"触景旅游"提供借鉴，通过直播的形式来引发国民旅游的兴趣。深挖永泰月洲村的张圣君文化，开展当地国学培训、学习传统礼仪等多种方法来丰富当地旅游。在乡村振兴的战略背景下，5G赋能为永泰月洲村带来了新的发展契机，释放当地闲置的土地，可以通过当地提供的共享庄园经济模式，来达到精准扶贫的效果，以此来为新时代背景下全国乡村旅游弯道超车发展提供借鉴与参考。

第三节　乡村振兴战略与乡村生态旅游融合发展探究——以山西省襄垣县为例

2021年以来，襄垣县认真贯彻落实省、市党代会精神，积极融入省、市战略布局谋划部署，围绕"湖畔乡村生活旅居地，乡村振兴示范样板带"总体思路，深入挖掘本县乡村生态旅游资源，建立综合交通网络，打造旅游精品项目，推动县域乡村生态旅游实现"3+X"融合发展。

一、乡村振兴战略与乡村生态旅游融合发展的现实意义

（一）有利于解决农民的就业问题

襄垣县主要依托仙堂山、东湖公园、环宝峰湖三大特色生态旅游资源，在推动观光采摘、公社记忆、亲子乐园等一系列具有特色的乡村旅游发展的同时，为周边村民提供了餐饮服务、保洁、安保、导游以及建筑工等就业岗位，拓宽了农民的就业渠道。虒亭镇司马村利用自身紧邻宝峰湖良好的生态环境和优越的地理位置等良好条件，大力发展特色草莓种植业，不仅壮大了村集体经济，还通过吸引游客前来品味农家乐、欣赏自然风光等，走出了乡村生态旅游发展的致富之路。该村草莓大棚种植基地有 30 余名产业工人，全部来自附近的村民，特色草莓种植业的发展很好地实现了乡村生态旅游与脱贫攻坚的深度融合。

（二）有利于提高乡村综合治理水平

乡村治理是国家治理的基石，有效的乡村治理是实现乡村振兴的重要条件。乡村生态旅游业是一个系统性工程，需要相关部门协调合作和各方面统筹推进，乡村生态旅游业的这些特点，倒逼乡村综合治理必须提高水平。第一，强化基层干部队伍建设是发展生态旅游的保障。选拔高素质人才担任村干部，能够加强对乡村生态旅游业的统筹规划与建设，增强乡村治理的骨干力量，有利于实现乡村治理的有效落实。第二，农村环境治理是生态旅游发展的前提。治垃圾、治污水、治厕所、治村容村貌，改善了人居环境，美化了村庄环境，能够吸引更多游客前来观光和体验。第三，农村人文治理是生态旅游发展的推动力。摒弃陋习、移风易俗以及对乡村生态旅游业从业农民进行文化知识普及和相关技能培训，能够提升农民精神面貌，提高其综合素质与服务水平，从而推动乡村生态旅游发展，为游

客带来更高质量的服务和更好的旅游体验。乡村治理与乡村生态旅游之间存在着一定的关系。乡村治理能够有效推动乡村生态旅游的发展，而乡村生态旅游的发展则能够进一步提高乡村综合治理水平。

（三）有利于推动乡村振兴战略的实施

近年来，襄垣县着力打造环宝峰湖乡村旅游特色产业带，开发了很多具有特色的旅游精品项目。其中，襄缘花海项目位于襄垣县宝峰湖西岸。襄缘花海立足生态发展优势，通过种植马鞭草、百日菊、波斯菊等形成美丽的花海景观，针对不同人群设置了5个林盘区，用小火车"振兴号"和"梦想号"作为交通工具串联整个花海，从而吸引了大批游客前来参观。

针对在花期空档期没有经济效益的问题，该项目尝试进行产品加工，把种植的花加工成药材、干花等，从而延伸产业链条，提高产品附加值。同时，依托万亩花海的景观优势，打造了集田园观光、生态采摘、农家乐、民宿为一体的特色生态旅游产业带，从而实现了三产融合发展，增加了农民收入，走出了乡村振兴的新路子。

二、襄垣县乡村生态旅游存在的问题与不足

（一）长期依赖"门票经济"，旅游产品单一

近年来，襄垣县秉持"绿水青山就是金山银山"的理念，坚持生态保护原则，充分发挥仙堂山的生态以及区位优势，着力将仙堂山打造成为"设施完备、生态良好、管理规范、宜居宜游、阳光康养的重要生态文化旅游精品景区和国家级森林公园"。但是由于仙堂山目前仍处于观光型旅游向文化休闲度假型旅游的转型期，在旅游娱乐、深度游等衍生产品方面开发滞后，单一追求经济利益，缺乏对于景区资源的深度挖掘，导致仙堂山景区可供游客娱乐、休闲的旅游项目较少，从而造成了长期依赖"门票经济"

的局面。"门票经济"对于仙堂山旅游景区的发展会造成不利的影响，会阻碍景区实现高质量发展。一方面，单一的"门票经济"在一定程度上会损害游客的消费利益，降低游客的旅游体验感。另一方面，如果长期只顾"门票经济"，而不对景区进行科学设计与管理，不着力提升旅游服务水平，会使得景区的美誉度、诚信度受到损害，难以实现景区的可持续发展。

（二）高层次复合型人才缺乏

目前襄垣县乡村生态旅游已经初具规模，正在努力向高质量发展阶段迈进。乡村生态旅游是实现乡村振兴的重要途径，实现乡村高质量发展的关键在于人才。襄垣县乡村生态旅游业要想在激烈的市场竞争中处于有利地位，就必须要引进懂技术、能策划、会管理且具有互联网思维的人才，为襄垣的乡村生态旅游业提供相应的智力支持。但是由于农村经济不发达、待遇不高、缺乏政策支持等原因，乡村生态旅游业大部分从业人员都是周边农民，乡村对于高层次复合型人才的吸引力较弱。这也就导致了乡村生态旅游业人才欠缺、结构不合理、分配不均、人才流失等问题。

高层次复合型人才的缺乏在很大程度上成为制约乡村生态旅游业的重要因素之一。实现乡村生态旅游业的高质量发展必须要引进高层次复合型人才，才能在保护生态环境与当地传统文化的基础上，推进旅游产品的深度开发和精品项目的建设，从而推动乡村生态旅游业走向新的发展阶段。

（三）旅游服务质量水平有待提升

第一，基础设施不够完善。由于襄垣县的乡村生态旅游业主要分布在经济欠发达的农村地区，再加上政策和财政支持力度相对不足，导致农村道路、停车场、洗手间等公共设施相对滞后、农村卫生设施不完善。停车不便、交通不畅、环境污染等问题，在一定程度上降低了游客的体验感。第二，服务意识淡薄，经营理念落后。从事乡村生态旅游业的大部分是农民，缺少相关的旅游业理论支撑，经营管理能力不足，缺乏经营经验，不能够很好地满足游客的需求。第三，缺乏对消费者个性化及多样化需求的考虑。旅游产品单一，生态旅游资源开发不够，没有很好地形成系列的旅游产品，缺少对旅游产品的深度加工，不能为游客提供多种选择从而满足游客多样化的消费需求。

三、乡村振兴战略背景下乡村生态旅游高质量发展的途径与策略

（一）优化生态文化旅游空间，推动"门票经济"向产业经济转变

襄垣县仙堂山风景区是集自然风景、人文景观以及佛教文化为一体的生态旅游胜地。政府相关部门以及企业应当秉持"科学规划，生态保护"的原则，对仙堂山景区的仙堂寺、观音洞等佛教古迹和奇松等生态资源进行整合开发。

摆脱"门票经济"能够倒逼乡村生态旅游实现高质量发展，所以要采取多种措施促进"门票经济"向产业经济转变。仙堂山景区可以依托其独有的佛教文化以及丰富的生态资源，促进文旅融合，推出有关法显文化的大讲堂、文创产品等，举办相关的文艺演出活动，打造研学实践活动基地，继续开展"红叶节"摄影大赛，为游客提供野营、探险、野餐等休闲旅游项目，从而拓展旅游消费领域，丰富游客的体验感，增加仙堂山景区的生态效益和经济效益，实现从单一的"门票经济"向产业经济转变。另外，持续举办"一带一路"法显文化国际交流高峰论坛，通过论坛扩大仙堂山景区的影响力，增加知名度，从而吸引更多的外地游客前来观光体验。

（二）多措并举吸引专业人才，强化旅游业理论支撑

实现乡村生态旅游业的高质量发展，必须有人才支持。襄垣县应当多措并举引进知识丰富、理念先进、技术过硬、管理科学的旅游专业人才。

第一，可以与高校旅游专业的教授或专家建立长期合作，开展本土化生态旅游业相关课题研究，让他们为乡村生态旅游业发展建言献策，并在政府的引导下协作编制本土生态旅游业规划纲要，促进襄垣县乡村生态旅游业发展更加科学、合理。第二，要在政策上给予返乡的高层次人才强有力的支持，提高他们在薪水、住房、交通等方面的补贴和待遇，并对在乡村生态旅游业领域创业的返乡人才给予行政审批、税费减免等方面的支持。第三，推进各项人才引进计划，通过"梧桐计划""兴襄英才计划""头雁项目"等，创新人才发展机制体制，打造人才"洼地"，以市场和用人单位为主体，精准培养人才、引进人才、留住人才，夯实人才队伍基础，让人才的智慧反哺县域乡村生态旅游业的发展。第四，长期开展与乡村生态旅游业相关的职业培训，采取线上线下相结合的培训方式，邀请专业人士对相关从业人员开展旅游服务、旅游法、问题处理等方面的知识普及和业务培训，从而提高从业人员的综合素质与服务水平。

（三）提升公共服务质量水平，完善基础设施建设

第一，要加大对乡村基础设施建设的财政投入力度，对乡村公路、供水、电网、农房等进行统筹规划，扎实开展重点领域农村基础设施建设，建立农村基础设施维护长效机制。扎实开展农村公路管理养护体制改革试点，推进农村供水工程建设改造，配套完善净化消毒设施设备，深入实施农村电网巩固提升工程，推进农村光伏、生物质能等清洁能源建设，实施农房质量安全提升工程，继续实施农村危房改造和抗震改造，完善农村房屋建设标准规范。持续提供免费旅游公交，在此基础上开通襄垣到武乡、黎城、沁县、长子等周边县城的免费旅游公交，加快建设到周边县城的快速路，为周边县城游客提供便利的交通环境。第二，要增强服务意识，提升游客满意度。以标准化提升服务品质，完善服务标准，加强涉旅行业从业人员培训，规范服务礼仪与服务流程，增强服务意识与服务能力，塑造规范专业、热情主动的旅游服务形象。要加强对于从事乡村生态旅游业人员的职业技

能培训，定期开展技能与业务考核，为游客提供专业化、精准化、精细化的服务。第三，丰富生态旅游产品供给，满足游客多样化和多层次的旅游消费需求。

（四）持续整治农村人居环境，重视旅游与生态保护协调发展

持续推进农村人居环境"六乱"整治工作，既是乡村生态旅游业实现可持续发展的必然要求，也是实现乡村振兴的重要任务。要按照省、市要求，对照《山西省农村人居环境"六乱"整治标准（试行）》，继续加大对于农村人居环境改造和基础设施建设的投入力度，逐步实现垃圾发电厂、垃圾中转站、建筑垃圾再利用、污水处理站全覆盖，从根本上实现农村垃圾、污水无害化处理。另外，要着重解决好基础设施短板问题，增加农村垃圾站点，全面提升农村垃圾处理水平和能力，继续推进农村供水设施的建设和完善，对农村电网实行彻底改造，加大对于农村公路的建设力度以及保养力度，从而确保农村人居环境持续向好，为乡村生态旅游业的发展提供良好环境。乡村生态旅游对于襄垣县实现乡村振兴具有十分重要的作用和意义。生态环境是人类赖以生存和发展的基础，也是乡村生态旅游发展的必要条件。乡村生态旅游的发展必须要兼顾经济效益、社会效益与生态效益。发展应当以保护为前提。

襄垣县乡村生态旅游业的发展需坚持"绿水青山就是金山银山"的理念，坚持保护优先，合理利用生态旅游资源，不搞大开发、过度开发，科学规划与统筹，规范管理，最大限度降低或规避生态旅游对生态环境造成的不利影响。

（五）充分利用好融媒体平台，扩大宣传覆盖面与影响力

第一，相关部门要与县融媒体中心建立合作关系，根据本县域乡村生态旅游业的实际发展状况，制定具有针对性、时代性、时效性和覆盖性的旅游宣传方案。第二，县融媒体中心应该充分利用微博、抖音、快手等各

大网络平台，精心经营官方宣传账号，推出系列旅游推荐短视频，开展线上话题互动，合理利用"网红效应"，从而扩大旅游宣传的覆盖面和影响力。继续推广"融媒直播＋乡村旅游"的宣传模式，通过直播向游客推荐和介绍景区，开展直播抽奖等实时互动，在线回答网友的疑问，使网友可以"云参与"，让游客线上畅游襄缘花海、仙堂山景区、东湖公园，足不出户游览各大景点，带来全新的旅游体验。第三，要在宣传内容与宣传技术上下功夫。打造强大的旅游宣传团队，善于运用5G+VR、景区慢直播等新技术、新手段，制作和推出系列旅游纪录片，以独特视野和新颖方式，融合襄垣人文资源，宣传具有襄垣特色的乡村生态旅游。第四，要与各级融媒体、官方宣传平台建立合作，在各大媒体平台进行旅游宣传，从而扩大宣传范围，提升知名度。

乡村生态旅游业发展对于实施乡村振兴战略具有十分重要的推动作用。乡村生态旅游业在解决农民就业创业问题、提升乡村综合治理水平、实现乡村三产融合发展等方面具有重要作用，应不断探索优化。

第四节　乡村振兴战略背景下生态旅游与特色农业融合发展研究——以新疆喀什地区为例

喀什地区位于我国西北边陲，自然资源丰富，水、土、光、热条件得天独厚，果品丰富，地域特色明显，为农业的发展提供了机遇，也为特色农业生态旅游奠定了基础。旅游业作为中国影响人民的五大幸福产业之首，正由高速增长阶段转向高质量发展阶段，以质量化和个性化服务作为未来发展的重心，必须通过不断创新的旅游经济发展动能，继续有效优化旅行产业架构，以推进我国旅游行业的转变发展和提档升级。发展生态旅游不仅可以完成农业结构的调整，还可以完成区域环境保护，推动地方经济社会的不断发展。近年来，将生态旅游与特色农业融合发展、互相促进是一种新产业、新形态，为乡村振兴战略的实施提供新的动力。

一、新疆喀什生态旅游与特色农业融合发展存在的问题

（一）生态旅游业的发展规划较不合理

在乡村振兴战略背景下，新疆喀什注重其特色农业与生态旅游业的融合发展，在保证其产业健康稳定发展的前提下，借鉴各地区的经济发展状况，认真分析各地区农业生态旅游成功开发的经验，并制定区域特色农业生态旅游发展规划。但总体来说，新疆喀什的农业生态旅游业的发展规划并不能凸显自身的资源优势，且整体规划相对不合理。

（二）游乐项目的内容较为单一

新疆喀什地区发展特色农业生态旅游业，离不开其他行业的支持与建设，例如生产制造、农产品加工、交通、饮食、住宿等，各个行业相互配合、相互支持，最终形成一个有效的产业链，从而拉动农业生态旅游业作为新疆喀什发展重心的相关产业。目前，新疆喀什地区的农业生态旅游建设还在大力发展过程中，各个产业之间的支撑和协调需要进一步加强统筹管理和布局，与农业生态旅游紧密相关的产品结构还较为单一。作为大力发展特色农业生态旅游的区域，新疆喀什在农副产品深加工和乡村品牌建设方面还存在较大发展空间。

（三）旅游产品的创新程度不足

目前，新疆喀什地区特色农业旅游的地域分布比较分散，部分具有当地特色的景点和产品没有投入旅游业的开发，这将影响旅游者的观赏兴致。此外，特色农业和旅游业是两种不同的活动部门，一些生态旅游区域两者融合度较低，产品种类和项目形式比较单调，很难带给旅游者更丰富的体

验，由此影响了区域特色农业和旅游业的协调和可持续发展。

（四）发展特色农业旅游业经验不足

在乡村振兴战略背景下，新疆喀什地区大力推进生态旅游与特色农业融合发展。然而，在发展的同时，由于缺乏经验和队伍建设的不完善，其面临着人力资源分配不均匀的问题，严重影响了产业发展和建设的进度。同时，由于管理与服务理念的差异，缺乏行业对接经验的影响，目前的产业组合缺乏专业人才，严重制约了特色农业与旅游业的健康稳定融合。

二、乡村振兴战略背景下促进新疆喀什地区生态旅游与特色农业融合发展的途径

（一）强化政府主导作用，提供制度化保障

具有地方特色的农业生态旅游产业能否成功的另一个关键点是经营管理，无论是规划、开发阶段还是运营阶段，都离不开经营管理，管理一定要以一方为主导，政府应充分发挥主导作用，制定有关的安全政策举措，为其发展壮大创造制度条件，在各方面均应尽量减少阻碍。此外，新疆喀什人民政府相关部门要加强对特色农业生态旅游发展和农村基础设施建设的政策扶持与财力支持。政府要成为各主体之间的"调节者"，平衡各方面的利益，解决各方面的问题，在满足各方面需要、确保利益最大化的前提下，实现特色农业生态旅游的健康、长期发展。

（二）加强对现代科学技术的应用

由于农业科技的发展，一些世界领先的农业科技已经在不同行业得到应用并取得良好效果，在特色农业生态旅游中，人们可以加大该技术的运用，从而形成绚丽多彩的农产品生态景观，以吸引旅游者。地方政府部门要主动为农业科技发展提供优越条件，加强农业科学技术研发能力，让农

业科学技术有效为农业生态旅游服务。加强对各种农业旅游资源的研发与利用，并积极引入新技术，农业科研技术的合理利用可以降低农业污染，提高区域生态平衡能力，为农业生态经济社会的可持续发展夯实基础。

（三）重视生态旅游产品开发，完善服务体系

农业生态旅游是一个新兴产业，其特点与地区的发展成正比，能够吸引更多游客，占领更大的市场。新疆喀什地区生态特色农业旅游要想蓬勃发展，就必须大力建设旅游品牌，旅游产品要富有区域特点，游览活动形式要具有一定的创新，对旅游者也要有一定的吸引力，并努力塑造良好的旅游区形象。打造特色农产品，开展"乡村文化旅游"，把新疆喀什地区农产品优势转化为产业优势和经济优势，为在城市中生活紧张的现代人创造一个可以亲近、感受自然界的乐土，为传统农业注入新活力。注重开发农业特色生态旅游产品，树立品牌，是发展农业生态旅游的核心竞争力，旅游品牌的知名度对旅游经济的发展起着至关重要的作用。

（四）加强经济、社会、生态利益的有效结合

实现农业长期可持续发展，实现乡村振兴目标，更好地发挥农业在解决"三农"问题中的重要作用。在新疆喀什地区农业生态旅游与特色农业融合发展中，政府应制定具体的经济增长目标，准确、科学地评估农业各方面的潜在经济效益，进一步规划和发展特色农业生态旅游，注重合理规划布局，以防止在建设过程中产生无谓建设和重复建设问题。生态农业旅游的持续健康发展必须以尊重生态环境的客观规律为前提，因此应推进生态农业旅游和生态建设环保的统筹发展，坚定不移地走可持续发展道路。新疆喀什地区特色农业生态旅游的综合发展过程中，应强调生态、人与自然、人与社会之间的和谐，防止资源过度商业化，提高游客对生态环境的保护意识。在体验乡村生态旅游的过程中，实现观光旅游的良性发展，实现经济效益、社会效益、环境效益的有效平衡，促进地方特色农业生态旅

游长远发展。

乡村振兴战略实施以来，生态旅游产业与地方特色农业融合发展可以带动我国乡村的可持续发展。为达到长期稳定的融合发展目标，必须结合当地特色，搞好产业发展规划，并制定多项措施，使两个组成部分逐步融合发展，为农村经济发展做出积极贡献。我国发展特色的农业生态旅游经济，对农村经济发展和资源优势合理开发利用具有重大意义，既能带动当地农业经济社会发展，又能维护当地生态环境平衡。乡村振兴战略背景下，将乡村生态旅游与地方特色农业相互融合发展，对实现更高质量的经济发展目标有着重要意义。

参考文献

[1] 张述林 . 旅游发展规划研究：理论与实践 [M]. 北京：科学出版社，2014.

[2] 北京市农村工作委员会等 . 北京市休闲农业与乡村旅游发展报告（2013）[M]. 北京：中国农业科学技术出版社，2013.

[3] 毛长义 . 区域旅游发展战略研究 [M]. 北京：科学出版社，2013.

[4] 北京市农村工作委员会，北京市农村经济研究中心，北京观光休闲农业行业协会 . 北京市休闲农业与乡村旅游发展报告口川 . 北京：中国农业科学技术出版社，2013.

[5] 田里，李柏文，李雪松，等 . 云南乡村旅游发展研究 [M] . 北京：中国旅游出版社，2013.

[6] 万小艳等 . 乡村治理与新农村建设 [M]. 北京：知识产权出版社，2011.

[7] 耿红莉 . 休闲农业服务人员指南 [M]. 北京：中国农业出版社，2010.

[8] 史亚军 . 观光农业概论 [M]. 北京：中央广播电视大学出版社，2011.

[9] 詹玲 . 发展休闲农业的若干问题研究 [M]. 北京：中国农业出版社，2009.

[10] 郭焕成，郑健雄，任国柱 . 休闲农业理论研究与案例实践 [M]. 北京：中国建筑工业出版社，2010.

[11] 范水生 . 休闲农业理论与实践 [M]. 北京：中国农业出版社，2011.

[12] 吕明伟 . 休闲农业规划设计与开发 [M]. 北京：中国建筑工业出版社，

2010.

[13] 任荣等 . 创意农业探索与实践 [M]. 北京：人民出版社，2009.

[14] 张一帆，王爱玲 . 创意农业的渊源及现实中的创新业态 [M]. 北京：中国农业科学技术出版社，2010.

[15] 蔡小于 . 乡村旅游经营宝典 [M]. 成都：西南财经大学出版社，2008.

[16] 蔡碧凡 . 农家乐经管管理人员知识读本 [M]. 北京：中国农业出版社，2010.

[17] 陈墀吉，李奇桦 . 休闲农业经营管理（初版)[M]. 台北：威仕曼文化事业股份有限公司，2005.

[18] 农业部农村社会事业发展中心 . 休闲农业讲解员业务知识与实务 [M]. 北京：中国农业出版社，2010.

[19] 窦志萍 . 导游技巧与模拟导游 [M]. 北京：清华大学出版社，2010.

20][英] 阿诺德·汤因比 . 郭小凌，等译 . 历史研究（上、下)[M]. 上海：上海人民出版社，2010.